廣論三部曲

郭正益 老師 著

ISBN 978-986-86852-7-7

目錄

前　言

本書寫作的緣起，是藉此**教育**台灣民眾眞正認識《廣論》的本質，只有**教育**台灣民眾如實瞭解《菩提道次第廣論》及《密宗道次第廣論》的眞正內涵與本質，才能回復台灣社會原本清純的狀態，才能令台灣女性免於學錯佛法而導致被性侵以後家庭破碎，同時也維護學佛人想要修學眞正佛法的初衷；因此，針對假藏傳佛教宗喀巴所著《廣論》的內容，給予如實的解說。又，本書所說**假藏傳佛教**是指達賴率領的黃、紅、白、花等四人派別，弘傳他空見如來藏妙義的覺囊巴除外。

假藏傳佛教之開創黃教（格魯派）的領袖——宗喀巴（西元一三五七年—一四一九年）本名羅桑紮巴，在宗喀地方出生，今日中國青海省的湟中縣，人稱為「宗喀巴」，意思是「宗喀地方的人」，他成爲密教的大修行者，四十四歲時，先撰寫《菩提道次第廣論》，以三士道來作爲他整理佛教的三乘菩提的總結論；四十九歲時，更將他所尊崇的密教編纂成爲《密宗道次第廣論》，以「密宗道」來闡明密教之理，統攝佛教的「菩提道」，將密教作為其假藏傳佛教之修行的最後歸宿。這兩部《廣論》便為歷代喇嘛（上人）、上師、仁波切、達賴、班禪所尊崇，尤以《密宗道次第廣論》幾乎是西藏、蒙古、青海等地喇嘛之必受「無上瑜伽灌頂」的要典。

《菩提道次第廣論》的推廣，在上個世紀，由於日常法師在台灣大力的推廣，開設了廣論研習班，專門講授《菩提道次第廣論》，因此密教的學習風氣大開，學人甚眾；甚至政府的部分資源也被申請而使用於推廣《廣論》，由於許多的教育團體、學校老師的加入，使得這股風潮迄今不衰；甚至許多團體，例如佛陀教育基金會、佛光山也都講授這《廣論》，蔚為風氣。日常法師和德蘭薩拉(Dharamsala)西藏流亡政府的達賴喇嘛時有往來[1]，如同日本的新

1 日常法師認達賴喇嘛為上師、達賴喇嘛就是廣論班的導師。二〇〇九年蒙藏委員會主辦「藏傳佛教在台灣學術研討會」會議手冊，頁二五—二六說：【然而，以推廣《廣論》的日常法師已經把達賴喇嘛當作上師，除了宗教上的疑問向達賴喇嘛詢問之外，有關廣論班與福智團體的大小事，無論尚未確定或每年的計畫、所有重要的決策都必向達賴喇嘛請示，方式是：「每年定期於請法時，把過去一年來所做的事情，以及未來一年要做的事情，選擇主要的原則跟方向寫成一封信，事先呈給仁波切（達賴喇嘛），仁波切一定會召見師父（日常法師），屆時師父再當面跟仁波切講解，仁波切會針對師父的報告做一些指導；有些不定期臨時發生的重大事情，師父會派法師去晉見仁波切，跟他口頭報告。」直接道出：達賴喇嘛就是廣論班的導師。】（引用資料：〈藏傳佛教在台灣—以「廣論班」的發展為

興教派：奧姆眞理教的麻原彰晃，都非常敬重達賴喇嘛，視他如師而執弟子之禮。

《廣論》的中文譯本在二十世紀初，經由法尊法師翻譯和印順法師的潤色而流傳於中土；加上日常法師擁有相當優秀的語文能力，因此他對於兩部《廣論》的熟悉程度固不待言；他又多次晉見達賴喇嘛，會商如何在台灣來推廣密宗；因此，雖然日常法師講授了十幾年，將他人生的最後歲月來帶領大眾走向假藏傳佛教的《廣論》；可是他也同時拼命踩煞車，僅以概要的方式，重複地講授《菩提道次第廣論》前幾章的課程，始終沒有解說後面止與觀二章，更無法繼續宣講達賴喇嘛所最熱愛的《密宗道次第廣論》，沒有進入假藏傳佛教最引以爲傲的「無上瑜伽灌頂」密宗道，密宗道是由達賴喇嘛及他所率領的喇嘛們來親自推廣，或許這正是日常法師和達賴喇嘛所商議在台灣推廣假藏傳佛教的共識。

反觀宗喀巴的重要傳人，現今的假藏傳佛教的領袖——**達賴喇嘛則多次**

例〉）

同時日常法師生前一直擔任達賴喇嘛基金會董事，死後亦有福智基金會代表當董事。

參考資料：http://www.tibet.org.tw/about_director.php

教授《密宗道次第廣論》，鼓勵大眾修學；達賴自己說如果在翻譯沒有中斷的情況下，整個傳授的時間需要耗費二十天[2]。而《密宗道次第廣論》的根本基礎在於秘密灌頂，對於宗喀巴的傳人來說，這「密宗道」才是假藏傳佛教的正修學；二〇一一年，達賴喇嘛將於美國華府舉辦「時輪金剛本續灌頂法會」[3]，繼續大力推弘假藏傳佛教的精髓——秘密灌頂。

所以，單單只是修學宗喀巴所寫的「菩提道」《廣論》的人，無法瞭解宗喀巴的苦心；必須「菩提道」與「密宗道」二部《廣論》全部閱讀，並且前後連貫起來才能成爲整體的假藏傳佛教教義，才是宗喀巴以及歷代達賴喇嘛所樂見的眞正意旨，我相信日常法師心中也是這樣想的；我相信達賴喇嘛一直提倡密宗道「時輪金剛灌頂」時，也會如此勉勵那些來德蘭薩拉朝聖的台灣修學《菩提道次第廣論》的學人。

所以，末學著作此《廣論三部曲》，作爲我們對於《菩提道次第廣論》的提綱挈領之要，方便大眾瞭解整個假藏傳佛教的要義，以免迷失在《廣

2 達賴喇嘛，《藏傳佛教世界》，立緒文化，民 86.8，頁 149
3 資料來源：http://www.kalachakra2011.com/index.html。

論》的長篇大論中而見樹不見林。自從西藏國王將國土奉獻給宗教領袖以後，西藏的政治和宗教已經密不可分，成爲一塊政教合一的國土；而其中，我們會敘述到西藏地區的領袖，也是宗喀巴黃教格魯派的傳人達賴喇嘛的說法，一般咸信他是眞正瞭解而且傳承了宗喀巴的無上瑜伽灌頂。

第一部曲　意識境界的變相分支

——理論篇：走向細意識的永恆

《菩提道次第廣論》許多的內容，都摘錄自大乘經論，例如現今的《華嚴經》、彌勒菩薩的《瑜伽師地論》等；大體來說，乍看之下，其寫法四平八穩，而以其自身修學的「密宗」爲尊，和後來撰寫的《密宗道次第廣論》可以前後呼應。因此，密宗所最引以爲傲的「無上瑜伽之灌頂」的精髓，自然流露在這一部《菩提道次第廣論》之筆觸中。

《菩提道次第廣論》的密意

宗喀巴於《菩提道次第廣論》的冠首，先說明自身和「**空行母**」、「**空行佛母**」的密不可分的關係，來作爲伏筆；緊接著提到學人必須將「**上師**」當作是「**佛**」，又應該以「**妻子**」、「**命根**」，來奉獻服侍自己的「**三昧師**」以示眞心向道，並捨棄正統佛教的戒律，改以假藏傳佛教獨設的「**三昧耶戒**」作爲學密者的根本戒律，以及眞正的依歸之處。再來則以「**一人**」或「**雙修**」樂空雙運，明說世間人會覺得難以接受這兩者之間的差異，然而假藏傳佛教的「智者」卻能瞭解教法是有「**開遮**」上的不同；又說女陰「智慧」和男陽「方便」不可須臾分離，智慧明妃與方便勇父必須常常結合而「**止觀雙運**」，表示雙身修法並不違背假藏傳佛教戒律。其中還有另一個清楚明白的指示：《菩提道次第廣論》應以《密宗道次第廣論》爲依止，菩提道只是密宗道的前行準備的方便學習的功課。

宗喀巴極力闡揚密宗，因此在《菩提道次第廣論》的書末，清楚明白地提出假藏傳佛教所引以爲傲的「**灌頂**」：如何於灌頂之中，產生「**天身**」來實踐「**天瑜伽**」；在樂空雙運的相應方面，要學人特別注意「**三昧耶相**」——「**骨鑠**」、「**骨杖**」，在**屍骨以及其所製成的法器中尋找真諦**。

其中又點出六、七世紀才崛起的「密咒大乘」來和「波羅蜜大乘」作爲相對，最後則說明集密教大成的「**金剛乘**」的殊勝，是超越佛教的教主釋迦牟尼佛所說的「大、小乘法」；以上《菩提道次第廣論》的伏筆，強烈突顯出所謂藏傳假佛教的密宗道雙身法，是和 釋迦牟尼佛所宣示開演的佛教迴然不同，與　佛陀的教理沒有任何的血緣關係[4]。

《菩提道次第廣論》裡面的這些「語句」，從「空行母」、「妻子」、「三昧師」、「三昧耶戒」，到「雙修」、「止觀雙運」、「灌頂」、「天瑜伽」，這些所要表達的眞正意涵，必須回歸到假藏傳佛教的核心經典《密宗道次第廣論》，才能將其中所隱含的眞正意旨，予以清楚詳盡的解密；才能令假藏傳佛教的學人豁然開朗，前後呼應，而瞭解整個密教、密宗所傳承的「無上瑜伽」，以及所教示「即身成佛」的秘密奧義。

4 不能說使用佛教的名相就是佛教，例如：當　釋迦牟尼佛宣揚佛教的義理時，和當時印度大陸所流傳的教法完全大相逕庭，而　佛陀則將之前的各哲學、修學、修行都說是外道法，要大家來歸依三寶，然而在這其中，佛陀使用了當時印度所認爲的修行的名相：涅槃、阿羅漢、如來、梵、有、三界、輪迴、業等等，祂卻很清楚表示，那些口說這些名相者實際上都不清楚這些名相的眞正意義，只有祂所說的佛法才是眞正的正理，並且加以一一闡釋其中的義理意趣差別。反觀密教崛起之後，卻是回歸印度教的意識心我見的常見外道，卻還要戀棧借用佛教的種種名相，可是對於其中的義理卻無法宣說，卻還要大言不慚說自己還是佛教！如果這樣單純使用佛教的名相的密教，也可以稱之爲「佛教」，那　釋迦牟尼佛還沒有示現於人間之前，這人間不就是已經有外道婆羅門、沙門所宣揚的「佛教」了嗎？難道這道理可以講得通嗎？所以只有名相，不能說是那名相表徵的教理，更何況，密教從來沒有眞正能夠宣說佛教教義以及名相之人，如何說有任何一點一分的佛教的內涵呢？又如世間的一貫道也大量使用佛教的名相，難道這就是佛教嗎？所以佛教名相會被這些別有居心的人來使用，無非是要來利用佛教的招牌來吸取佛教的資源，如同世間的商標仿冒永遠層出不窮。

然而，所謂的密宗道的這些奧義，卻和 釋迦牟尼佛所傳的三乘菩提的佛教的根本義理是截然不同的，而且大異其趣！這些被假藏傳佛教誇耀為超越 釋迦牟尼佛的教理而卻非 釋迦牟尼佛所傳授的「即身成佛」奧義，正是宗喀巴、達賴喇嘛、日常法師所最殷切期盼學人深入瞭解、修學的密宗道。

說白了，宗喀巴的意思是：《菩提道次第廣論》是密宗道的前行方便，是為了修學密宗道而精心施設的，要到了《密宗道次第廣論》才能發顯假藏傳佛教所要教導的真義。宗喀巴將佛教 釋迦牟尼佛所說的佛法，歸納為《菩提道次第廣論》，然而他對於釋迦牟尼佛「三乘菩提」的深廣教義是不能領略受用的，並且因為不能如實理解，反而是大大地有意見！甚至 釋迦牟尼佛所得證的「佛菩提道」的究竟無上殊勝的佛地果位，對於宗喀巴的密教來說，還是不夠殊勝。因此他繼續撰寫《密宗道次第廣論》，將「密宗」放在「佛教」之上，說「密宗道」勝過 佛陀的「菩提道」，認為「密宗」勝過「佛教」，是真正究竟無上之法！

但是如果直接拿「密宗」和「佛教」來評比，會直接冒犯了佛教徒的大忌諱，也將顯示「密宗」是「佛教」之外的信仰與宗教；因此歷史上的密宗弘揚者就說「佛教」是「顯教」、「顯宗」；而「密教高超勝過佛教」的說法，就會變成「密教勝過顯教」或「密宗勝過顯宗」，而「顯密」兩者都同樣是佛教，就不會令人覺得突兀而產生疑竇[5]；如此說久了，以訛傳訛，積非成是，以至於後來的佛教文獻，後來的佛教修學者，就很自然接受了「顯、密」並立的說法，以爲佛教一開始就有「顯密」兩宗的區別，以爲這「顯密之說」是本師 釋迦牟尼佛的說法，如此便將原本子虛烏有的「密教」納入到佛教的體系來。

有人因此被密教的教義所吸收，成爲忠實的信徒，也對於密教以及現今的假藏傳佛教所說的一切深信不疑，死心塌地信受密教所宣稱的雙身法所證的佛果才是眞正的報身佛，顯教所證的佛果只是化身佛，使得「佛教」被徹底貶抑而成爲「譚崔密教」的附庸。這群不知底細的學佛者便信以爲眞，跟隨弘揚密宗的上師開始崇密而抑顯，走入意識境界的外道法中。如果你對於以上的說法，一時不能接受而感到強烈的質疑，覺得筆者是不是無的放矢？

5 這樣的說法是唐朝翻譯當時在印度崛起的密續典籍的一行、不空等人，他們所造成的結果，從此「佛教」就變成了「顯教」，相對於密教而存在；最早的「顯教」的意思都是「顯示教理」，「顯」是動詞的意思，然而到了密教別有居心的人翻譯密續之後，「顯教」就變成了專指正統佛教的專有名詞，這些的證據還在今日的大正藏三藏十二部經教裡面，藉由電腦以及中華電子佛典 CBETA 的經文語彙蒐尋系統的協助，可以證實「顯教」的意義在唐朝遭受到扭曲。

不實的指控？那先請稍安勿躁，冷靜一下，不用急著下定論，我們再繼續往下來看看更多的證據。

引人側目的「即身成佛」

密教——今日的假藏傳佛教所最自鳴得意的殊勝教法，就是「即身成佛」，自認爲遠遠勝過佛教所弘傳的三大阿僧祇劫辛勤修學才能成就的佛果；一般假藏傳佛教、密教最普遍流傳的說法是：佛教（顯教）太淺[6]，必須等到佛教（顯教）修學好了，才能修學密教（印度的譚崔無上瑜伽）而即身成佛。

面對這樣的說法，我們先來想想：在這浩瀚的宇宙星際之間，最渴望每位眾生都能馬上成佛的人是誰呢？毋庸置疑，在我們這個世界就是本師釋迦牟尼佛，祂慈悲的分量超越其他一切眾生的渴望之總和！然而最最慈悲的佛陀卻從來沒有在任何一部經論中，提出過密教的「即身成佛」的理論。

釋迦牟尼佛證得無上正等正覺，也就是一切無量無邊的宇宙中的一切萬法都無所不知，無人能出其上，乃至過去現在與未來的一切諸法，無不瞭知；

[6] 實際是並沒有什麼顯密的說法，在印度半島大陸塊所發生的歷史事實是：密教將佛教長期蠶食而逐漸消滅了。

這樣證得無上正等正覺的 佛陀，在密教的教義裡面，竟然搖身一變，成爲一位「不究竟瞭知」的佛？不知還有一個「即身成佛」的道理，不瞭解這個究竟法，請問密教這樣的遐想可以說是符合「佛」的「**無上正等正覺**」的實質嗎？

當密教自稱遠高於顯教佛的報身佛證量，竟然連顯教佛菩提法中的第七住位菩薩所證的第八識如來藏心的所在都還不知道，卻公開宣稱 佛陀在第三轉法輪所說的第八識的法不究竟，將 佛陀珍貴的大乘佛菩提法隨意踐踏；又直接顚覆大乘佛菩提法，公開貶抑第八識而說祂只是意識的細分，主張意識才是大乘法的眞心，如是彰顯密教無法忘情於常見外道的惡見；再者，連小乘聲聞菩提中所說的意識因緣生、因緣滅的道理都不能接受，還公開主張意識心是常住不壞，如此破壞佛教的正見，而與常見外道合流，以致於無法實證小乘聲聞初果。

由此事實可知，密教的教義與行門都是遠離三乘菩提法，建立在妄想上面，自始至終都不曾理解過 釋迦佛的「顯教」菩提道之正理，反而卻於妄想中來作種種意識心的法、變相，以如此的施設，貶抑 佛陀的三乘菩提，當然永遠也不可能入門而有所任何的親證。所以，從古至今，密教的諸忠實信眾無法親證佛教的大乘第一義諦，也無法親證佛教顯示於小乘的俗諦，所以密教沒有任何的菩提法可得可證，這就是因爲遠離 佛陀的教誨所致。

在這種情況下，密教的典籍密續竟然説，佛教中的一切無始以來的諸佛如來都不知道這個「即身成佛」法，不知道這個密教的「無上瑜伽」的妙樂之法[7]！？還必需要密教像是在鉤召鬼神一樣地隨意鉤召十方如來，將一切過去久遠無量劫來已經成就佛道的佛教如來都召喚過來，然後再請密教的「大

7 在密續典籍之中，如《佛説一切如來金剛三業最上祕密大教王經》卷六：「爾時**金剛手菩薩告彼一切如來及諸菩薩言**：『諸大士！當知此法甚深祕密希有！過去過不可較、不可計微塵數等劫，從燃燈如來應供正等正覺出世已後，乃至迦葉如來出現世間，是等諸佛皆不宣説此祕密法。何以故？彼時眾生無信解故。於此祕密功德句義不能了知，以是義故，於彼時中，諸佛如來皆不宣説最上大乘祕密集會諸佛菩提法，乃至刹那羅嚩謨呼栗多，不得暫聞此祕密法。設於無數殑伽沙等劫中，勤勞苦切求佛菩提而不能得，由是於此大祕密法不得聞故。是故諸佛當知此祕密法甚爲難得！』」(CBETA, T18, no. 885, p. 504, c18-29)這些密續的邏輯都是胡説不通，將如來稱爲大士，以訓勉的口氣對著一切如來説話，要「諸佛當知」，所以説密續中能持雙身法的菩薩，就不會將佛教的一切如來放在眼中，因此隨意編寫著作，將無上正等正覺的十方一切如來予以貶抑，比喻如來不瞭解這男女雙修之法，必須重新修學！所以最後修學完畢之後，《佛説一切如來金剛三業最上祕密大教王經》卷七：「是時，諸佛皆悉安住一切如來上首**明妃祕密行**已，作是讚言：『希有世尊！希有善逝！此如是名無貪文字句善往佛菩提道！』」(CBETA, T18, no. 885, p. 505, c8-10)最後在密教的如來的教導之下，每一尊已經證得「無上乘」（一佛乘）的「無上正等正覺」的一切如來竟然都需要重新來「瞭解」而且「安住」於與明妃的男女婬樂之中，又説這樣是無貪，善住！？請問受過三歸依的佛子的您，您可以信受這樣荒誕不經的經典嗎？您可以叫這樣的經典是佛經嗎？

日如來」來傳授這個雙身法！最後還要十方一切如來依教奉行！也就是說，如果有哪一尊佛沒有按照密教的意旨來修男女雙身法，密教的「大日如來」就會來教化祂！？看到這裡，你是不是瞭解了爲何中土的高僧會完全不苟同密教密續的典籍？因爲密教只顧著貶抑佛教，卻連最根本爲何稱爲「無上正等正覺」的知見都付之闕如，完全不瞭解諸佛如來是三世過去、現在、未來一切諸法究竟瞭知，而且一切如來都已經親證一切諸法的實際內涵，已經沒有一個法可以稱爲是「未知」、「未學」，一切如來都已經徹底瞭知，所以稱爲「佛」。然而，密教人的心裡頭只想要顚覆佛教，因此在僞造佛經的時候，完全罔顧這最根本的常識與事實！

也就是說，打從一開始，天竺密教和今日的假藏傳佛教就不安好心，他們所要的「即身成就」的「佛」，和佛教所成就的「佛」，兩者是完全不同的。而且密教弘法人確實是從來不曾把佛教的佛當作是佛，也不曾把佛教的佛放在眼內，在不曾實證佛教三乘菩提中的任何一種菩提的情況下，密教祖師編造的密續，其中所記載的法會中，密教的如來睥睨佛教的十方一切諸佛，不可一世，好像是在教導小學生一樣，讓諸佛「乖乖」在那裡排排坐，而且還很大方來教導這密教的「大樂」之法，要讓早就證得不可思議境界的十方一切如來，回到三大阿僧祇劫之前的境界，下墮欲界的最重的貪欲之中，而在一切諸佛在證得佛果之後，還要經過無量無邊不可說不可說刹土微塵數劫之後，「終於有幸遇到密教的大日如來」，「終於能享受淫欲大樂」，「終於能夠依教奉行」。請問有智慧的您，冷靜思考一下，這密續經典所說的可能是眞正的諸佛菩薩所說的話嗎？！可能是諸佛菩薩要來告訴您的佛法嗎？

對於這樣的密續編造者，只能說他們是完全不懂三界有的法，乃至於連世間法中的禪定原理都不瞭解也無力親證的可憐人，因此他們正是一群盲目於追求欲界男女之愛之人，從來沒有思索過如何從欲界愛中求取少分的解脫，如此之人卻處心積慮來貶抑眞正解脫於三界愛而無住於三界法，卻能廣度一切有情的無上法王尊——如來，這也眞的是極盡侮辱污衊佛教之能事！

在簡單地涉獵過這樣荒謬的密教典籍之後，我們再來翻開悅目可親的佛經，看到　佛陀所宣示眞正的義理：佛教中的每一尊佛，都是一切智慧成就的大覺者，東西南北上下等十方一切佛刹之法、過去現在與未來三世一切種種之法，無有任何一個法，祂老人家會不知道。而密教號稱遠超過佛教的「報身佛」，竟然連顯教賢位第七住菩薩所證的第八識都不懂，更別說是諸地菩薩的無生法忍智慧了，甚至連聲聞初果人斷我見的證量都沒有，更別說是阿羅漢所證得的小乘涅槃智慧了！如此連大小乘的根本智慧都無法取證之人，竟敢說他們這種凡夫欲樂境界遠遠超過顯教的諸佛，只差沒有要佛教的一切如來向他們的「大日如來」頂禮三拜了！像假藏傳佛教這種荒謬可笑又可鄙的邏輯，達賴等所有的喇嘛們竟然也還能信受不疑而共同貶抑 釋迦牟尼佛，筆者只能以「無法想像」、「無語問蒼天」來形容了。

宇宙之中，過去無量時空的一切法、現在無垠星際的世界海中的一切法、相繼未來銀河星際間大爆炸而來的一切法，佛都瞭解；而「密教佛」對這些世界悉檀、爲人悉檀顯然都還不懂，如何能夠理解甚深的第一義悉檀而加以談論呢！乃至等級最粗淺的聲聞初果人前行方便所修的五停心觀等對治悉檀，也是不懂的，才會提倡男女交合追求遍身淫樂的雙身法而妄想成佛；所以，如何會有一個「即身成佛」之法、「大樂之法」，十方諸佛如來會不知道呢？除非這些是「子虛烏有」之法！

世間凡夫就是看穿了欲界中貪愛淫樂而所造成的痛苦，才想要修行離開欲界而證得初禪；小乘聲聞，因爲瞭解了這樣只是脫離欲界的愛染，還不夠究竟，他們急切地想要脫離被三界境界愛所牢牢繫縛的一切痛楚，所以修學佛菩提之中的解脫道，想要解脫欲界愛、色界愛、無色界愛；但是當他們一聽到「成佛要經歷三大阿僧祇劫」，如此長劫在佛菩提道上奔馳精進，他們整個頭皮發麻、心都冷了，根本無心顧及救護眾生的大願，紛紛丟盔卸甲，都希望早日證得阿羅漢果，馬上趣入無餘涅槃，只希望早日脫離這生死輪迴；再怎麼樣有著不可思議的佛果等在前頭，他們也不生起欣羨之心，壓根兒沒打算去度過那渺渺不可知的無數生死長劫！

所以，如果這世界上眞的存在「快速成佛」、「大樂成佛」之法，難道慈悲的諸佛、無上正等正覺的諸佛，還會吝惜不講而讓阿羅漢就這樣入無餘涅槃，永遠無法成佛嗎？一切諸佛在入菩薩聖位之際，在因地就已經從不吝惜一切諸法，乃至於頭目腦髓都可以布施出來，哪裡會在佛位時，還慳貪吝惜寶愛這個法而不肯說呢？最希望一切有情能夠快速成就無上佛果的，永遠是大醫王——世尊啊！

因此，在這裡要來跟大家一起探究：

密教的佛是什麼「佛」？

密教信奉的「佛」和本師釋迦牟尼佛有何不同？

密教「無上瑜伽」修學成就者如過江之鯽，如何即身成「佛」？

在密教中，即身成佛的「佛」的佛號是什麼？

本師　釋迦牟尼佛是否曾給予即將「即身成佛」的密教佛授記？

爲何　釋迦牟尼佛從來不宣稱密教的人可以迅速即身成佛？

爲何密教續部典籍說十方法界的一切如來不懂密教之法？

爲何諸佛平等，而且一切法無所不知，竟還對樂空雙運的密法不知？

爲何密教要「即身成佛」，不要　佛陀教導的佛菩提道的修行？爲何持戒精嚴、精進修行的菩薩，佛陀不教導「即身成佛」？爲何喝酒喫肉，貪瞋無度的喇嘛，密教佛可以教他們即身成「佛」？這根器好與不好的差異到底是什麼？

這些許許多多的疑問背後所隱藏的眞相，且讓我們在下面娓娓道來：

怛特羅（譚崔）佛教的興盛——密宗興盛？

當天竺密宗出現於人間的時候，急於擴展其勢力，他們想要在原有的佛教內創立一個新的宗派，於是這些開拓新時代的密宗戰將，帶著勇猛的雄心壯志：「**有我密教，就沒有原本的佛教**」，紛紛來到佛門出家，他們如前所說，開始編造密教之獨特的經典，開始鼓動僧團來修學雙身法，導致最後佛教在印度，被排山倒海而來的密教結合波羅王朝政治強大的勢力，以摧枯拉朽的攻勢而徹底摧毀；佛教的風貌被全面性「密教化」、「怛特羅化」、「譚崔化」；改頭換面之後的佛教，只留下一個佛教的名稱和佛教寺院的空殼，骨子裡全然不是佛教，這時佛教已經名存實亡了。

當時，於寺院中、於僧侶中、雕像之中、畫像之中，都顯示當時整個依附於佛教的怛特羅（譚崔）教義，完全無視於 佛陀載明於律典不能有「男女合會的雙身像」的教誨[8]；「無上瑜伽灌頂」的盛行，出現了履踐密教的三昧耶戒律的密教大師，從佛教內部成功地全面取代了原有的佛教，完全符合了 佛陀當年的預記。

因此，學術研究者對於印度後期的佛教，根據印度的外道瑜伽的興盛，恒特羅（譚崔）教義席捲整個印度佛教的情況，謹慎地給予一個奇特而又十分貼切的稱呼：「怛特羅佛教」，以此來描繪當時印度佛教被外道全面入侵的景象；以此來說明譚崔瑜伽（怛特羅）的外道教義的色彩，顯示密教始從蠶

---

8 《摩訶僧祇律》卷三十三：【佛告諸比丘：「如過去世，時有王名曰吉利，爲迦葉佛作精舍，一重二重乃至七重，彫文刻鏤、種種彩畫，**唯除男女和合像**。」】(CBETA, T22, no. 1425, p. 496, c27-29)
《十誦律》卷四十八：【又言：「佛聽我畫塔者善。」佛言：「**除男女和合像**，餘者聽畫。」】(CBETA, T23, no. 1435, p. 351)

食的局面，從密咒的流傳、融入於寺院之中，再有「即身成佛」的誘惑，再有三昧耶戒的非戒的建立（說出家人行男女婬欲行，沒有任何過失的戒律），再有無上瑜伽教法的次第建立，到了最後階段「無上瑜伽灌頂傳法的男女雙身實修」的盛行，猶如泰山壓頂，一口便鯨吞了佛陀所創立的佛教；這也說明了「密教」教義的源頭從來便不是根源於佛教，何況是繼承「密教」的後起之秀——假藏傳佛教呢？這些都是依附於佛教生存而擴大勢力的怛特羅外道，然而他們最後的勢力大到不可忽視，將佛教的一切徹底改頭換面，因而佛教研究專家們對此歷史事實作出了一致的共識：**密教興而佛教亡**。如此的結論明白顯示：當密教擴大他們的疆土勢力範圍的同時，眞正的佛教則是沒有任何一點生存的空間；密教的教義強烈排除原有的佛教的一切，從佛開始，到法、到僧，三寶的實質全數被更替，只留下表面看似佛教的骨架，令人不勝唏噓！

心識的眞實與虛妄——從虛妄到眞實？

佛陀出現於這世間，是要告訴我們生命的實相，在宇宙中一切生命背後所隱藏的眞相，讓我們能夠親證這樣尊貴的生命眞相。在我們開始尋訪眞正的佛法之前，我們這群懵懵懂懂的芸芸眾生，又是以什麼樣的知見來看待這個我們所居住的世界呢？又是拿什麼來當作是我們眞正的自己呢？

眼睛、耳朵、鼻子、舌頭、身體是我們所具備的五種感應器官（五根），可以用來接收外界的森然羅列、五彩繽紛的訊息：色聲香味觸（五塵）的刺激，藉由神經細胞飛快的感測和不停忙碌傳遞工作，可以將訊息傳達給神經中樞與腦部（勝義根）的各相對接收辨別的區域；這時，識別的功能會因而生起，這就是眼識、耳識、鼻識、舌識、身識（五識）。

這五個識的作用可以讓我們瞭解到**美麗花朵的顏色、曼妙樂曲的聲音、清逸脫俗的香氣、美味可口的齋飯、涼爽消暑的和風**，讓「我們」感受、感覺；而所謂的「我們」自己，是說有一個能夠統合這些五識所領受內涵的心，這個心就是犀利的意識。這就是我們在還沒有學習佛法之前，所認爲的全部事實的眞相——我們的自我就是意識。然後誤認爲意識是一直存在著，而構成「我們」的這個色身，則會隨著時間而消逝，但這意識會一直陪著我們生生世世，這就是我們還沒有學佛前的知見。

我們可以透過這伶俐的意識心，重新回憶方才我們所知道的覺受，重新思索我們所生起的了別，讓自己可以繼續沉浸在這一分對於事物的感動之中。因此，這意識可以覺察過去、現在所發生的，並且祂還可以去推理揣測思惟未來可能會發生的事情，意識如是非常的聰明。所以，在「見聞嗅嚐覺」的五識作用的同時，還需要這個殊特的意識來「知」，而且聰明的意識還可以瞭知這五識上所不知道的法塵的世界，所以意識統合了「見聞嗅嚐覺知」的受用，這是每位眾生都喜歡的作用——心的功能，而這樣的「見聞嗅嚐覺知」心就被說是意識心，而取用食物的功能通常不是時時現起（如色界就沒有嗅嚐的功能），因此簡稱爲「見聞覺知心」，這就是我們所以爲的意識心。

宗喀巴在這樣的認知下，因而主張任何眾生（包括佛教的一切諸佛如來），不論修行到了何種的境地，永遠只有這完美絕佳的組合——六個識所成的自我；**而且這個最重要的「意識」才是一切污染法和清淨法的根本，決定了這一切「生死輪迴」和「永恆涅槃」兩者的基礎**[9]。宗喀巴對自我心識的所知只

9 宗喀巴在《勝集密教王五次第教授善顯炬論》這本著作中吐露他的心聲，他於卷十五說：「《釋菩提心論》雖說阿賴耶識之名，然義說意識，爲一切染淨法根本。」「阿賴耶識是方便建立，能覺知之意識方是一切染淨法根本。」什麼是阿賴耶識？爲什麼讓宗喀巴這樣需要努力地打擊呢？因爲 彌勒菩薩的《瑜伽師地論》卷五一：「謂：略說

有如此，認爲再也沒有更爲勝妙的心識存在了，因此他否定了 釋迦牟尼佛所說的第七識意根及第八識如來藏；對於如是佛教典籍的勝妙說法，宗喀巴讀不懂，更無法通達，於是在宗喀巴的口中都變成了 佛陀的「方便說」，貶抑成爲非是究竟的說法，認爲究竟的佛法中還是只有六識，不存在第七識與第八識。

在宗喀巴的著作中，任何在六識之外，而能夠作「了別」的「識」出現，都被簡單歸類爲「細意識」；都是屬於意識的分支，都是從意識心細分出去的，這就是宗喀巴所知的全部心識世界。那我們不禁要問清楚：**佛陀所說的「法界實相」就是假藏傳佛教宗喀巴所說的意識心、第六識嗎？那和現代世俗人**

阿賴耶識是一切雜染根本。」所以，彌勒菩薩當來下生佛說明了本師 釋迦牟尼佛的第八識——阿賴耶識，才是一切的根本。顯然，宗喀巴是獨排眾議，也由此說密教（現今的假藏傳佛教）的法和佛教的法完全不同。

達賴喇嘛爲了怕大家回到佛教的法界實相——第八識如來藏，因此也是和他的祖師宗喀巴一樣，堅決反對 佛陀的說法，說意識心才是一切法的基礎；他這樣說，來闡明宗喀巴的理論：「因此這個能執的意識，這個自心就是一切輪迴和涅槃的基礎。這個自心從無始以來就形成了，它是無有自性的一個體性，……。」《菩提心釋論．法界讚講記》，福智之聲，2004 年 5 月，頁 49。

達賴又說：「涅槃與輪迴都沒有自性，在究竟實相上，輪涅是沒有分別的。」《超越的智慧》，立緒文化，2004 年，頁 205。

目前所感受的意識有何不同？眞正佛教　釋迦牟尼佛在兩千五百年前所要傳達的原意也是如此嗎？也僅止於此嗎？

不要第七識，也不要阿賴耶識第八識——密宗只要第六識就好？

佛陀給予這個世界眾生的眞實教誨是：任何宇宙世界一切星系、各類物種族群的生命實相，都是肇始於八識心王；前七個識都是妄心，都是時時刻刻生滅不已；**唯有迥異於意識心、迥異於前七識的第八識——阿賴耶識，才是真正萬法的根源、宇宙的真相！**在宗喀巴的《廣論》所定義的佛教（佛菩提）中，始從第一轉法輪的四阿含解脫道諸經，中如第二轉法輪的大品、小品般若諸經，後如第三轉法輪的方廣唯識諸經中，全都是這樣說的，但這遭受宗喀巴所極力而且公然否定！

在三乘菩提的法教之中，佛陀這樣教導：我們之所以一直輪迴，就是因爲六識對於虛妄境界的貪愛所造成的。我們喜愛這個花花世界，希望這一切現在擁有的、所愛的，**所見、所聞、所嗅、所嚐、所覺，這些美麗的感動，能夠永遠保持存在**，因此認爲**能夠感覺這繽紛世界的意識心**，就是我們無始以來所認爲的最重要的依靠，誤以爲這個意識心就是眞實不壞的自我，以爲這個意識心永恆不滅，於是墮在常見外道的常見中，斷不了我見、證不了初果。

在我們實證聲聞解脫道的初果之前，一直將這本來就是「**無常的意識**」，堅定地認爲是「永恆的意識」；這就像是在天空中，自己疊上這厚厚的烏雲，以致於從來看不見智慧的陽光！

然而，我們回過頭來看宗喀巴，他不希望在《菩提道次第廣論》中直接展開和 佛陀的大辯論，他只輕描淡寫地帶過，他堅定地說到：【對於「識」，**佛教經典說的本意就是六個識，但如果你贊成允許「阿賴耶識」這個心識的存在，那沒關係，就照你的意思，說成是「阿賴耶識」；如果是「不想承認允許」這個「阿賴耶識」的人，你應當將其回歸到「意識」。**】[10]宗喀巴就這樣不露痕跡地，強行扭曲了 釋迦牟尼佛在三乘經典中隱說及明說確實有第七

---

[10] 宗喀巴於《菩提道次第廣論》中說：「識者，經說六識身，然此中主要，如許阿賴耶者，則爲阿賴耶；如不許者，則爲意識。」宗喀巴對於提出阿賴耶識的人的說法，他是不能苟同的，但如果眞的要來探討阿賴耶識，祂還是意識的一部分。因此，不允許阿賴耶識，並沒有不對。允許者，也沒有錯，因爲阿賴耶識就是意識的一部分。這點，他違背了 佛陀的說法，同時，也顯示出他捍衛自己說法的決心。（福智之聲，民 94.3，頁 181）

識意根及第八識如來藏的聖教。

我們暫時放下較近的宗喀巴的說法，先來審視更遠的兩千五百年前 佛陀時教的教化蹤跡，到底有無個中的差別？到底佛教原來的教義中說人類是只有六個識，還是都有八個識？睽諸史載，佛陀在世有三轉法輪的過程：阿含、般若、方廣唯識。這前後三個時期的說法，分別談到了有個「實際清涼」、「眞如」、「阿賴耶識」、「如來藏」，在《阿含經》中更說這個第八識是入胎而出生人類身心「名色」的「識」，並且說明這個第八識是「法界涅槃實際」。這個「實際」並不是意識，因爲意識是被生的名色所攝，是由這個「實際」——第八識所生的。所以，前後三轉法輪的說法之中，佛陀都是口徑一致、義理一貫而同說「實際」，而這個「實際」第八識從來都不是意識；對於意識，佛一向開示爲「意識是無可辯解的虛妄」！

我們以此來比對假藏傳佛教的說法，發覺宗喀巴和達賴打從心眼裡，就直接質疑 佛陀的每一轉法輪的正確性；假藏傳佛教不僅僅是表面上不相信佛陀於前後三轉法輪所說：以第八識如來藏作爲基礎的「八識心王」正理，其實他們自始至終，更無法接受 佛陀一貫所說「意識是虛妄」的正理！

因爲宗喀巴他們創立的是「變形金剛法」——六識之中，又有一個爲人們所不熟悉的「永恆的意識細心」——細意識，來作爲「萬法的基礎」，來反對佛陀所說「意識是虛妄」的眞理！即使是其他贊成第八識如來藏的密教祖師及行者，他們雖然口頭上承認確實有第八識如來藏，但也都同樣將意識當作是如來藏，在實質上，將意識貼上「如來藏」的標籤來冒名頂替，辯稱他們的法義中也有實證如來藏的情事，如此矇混佛教界，令人清濁不分，沉浸於意識是永恆存在的美夢之中！

然而，假藏傳佛教宗喀巴如果堅持「意識心是永恆的」，不免落人口實，而難以在佛門中立足。因此，這些人在「意識心是眞實我」的堅固情結糾纏下，又不甘心回到佛陀三轉法輪的「菩提道」的說法，最後臨機一動，以爲只要巧妙的主張還有一個「永恆的意識心」的存在，在不與佛陀的「意識虛妄」的說法針鋒相對的情況下，這樣只要如此稍微變動一下意識心的內涵，特別舉說還有一個微細的意識心，這樣就可以和原來被譴責的虛妄意識分道揚鑣，佛陀於「三乘菩提道」所說「虛妄的意識心」，就不包含他們所說的「更加微細的意識心」！自以爲建立「細意識」以後，就擺脫了佛陀所說「意識虛妄生滅」的緊箍咒，所以創造了「意識的細分」的虛妄想——「細意識」，**而能和自己的「密宗道」的常見外道見——「意識心是永恆」的見解重新接軌！**

假藏傳佛教從古至今的達賴喇嘛，都如是堅定信受一個想像的「**微細的意識**」、「**極微細的意識心**」，通稱爲「**細意識**」，以爲從此獲得了「免責權」，認爲已經從 佛陀說的「外道常見」的困境之中脫身，誤以爲如此可以讓「意識心是永恆的」的謬論「借屍還魂」；這些人所打的如意算盤是：**如來不會復生，誰能與我辯論？誰能知道此中的「是與非」？**

微細的意識一樣是無常——都是意識

然而 佛陀在二千五百年前，老早就知道：這群頑固堅持「意識心常住」的邪見擁護者，未來世中還會在這上面大作文章，會另闢邪徑來創立「意識細心說」，來**硬拗**還存在一個「永恆的細意識」；因此 佛陀於第一轉法輪的聲聞、緣覺二乘人的法會中，便預先破解了「意識細心說」：「諸**所有意識**，彼一**切皆**意法因緣生。」

佛陀說明：**不管你說的、主張的意識心是「粗」的，還是「細」的，無**

論你依照你的妄想、你的親眼實證，「盡情的來創造、分割、想像」，乃至於生老病死各個分位之中，乃至於三界一切諸有、一切諸境界地之中，你所以爲的「任何一分存在的意識」都還是意識，「一切所有的意識」都還是意識，每一個細微的意識都還是意識，都一樣具備了意識心的「苦、空、無我、無常」的本質，永遠不會去到後世！[11]

佛陀說：抱持如是「意識心是我」、「意識心是永恆」的我見、常見的見解，就會生生世世在輪迴中痛苦流轉。意識心依他而起，刹那生滅不住；當意識所依的五色根與六塵若不存在時，意識必定會斷滅，當然就是妄心；祂本身沒有自體性，沒有眞實存在的體性，祂不是法界究竟的實相，祂是「苦、空、無常、無我」。意識所緣取的世間境界也永遠沒有辦法作爲「非生滅」法，這被緣取的境界是一直在變動的；而能夠緣取境界的意識心本身也是一直在變

11《雜阿含經》卷一：「劫波！當觀知諸所有色，若過去、若未來、若現在，若內、若外，若麁、若細，若好、若醜，若遠、若近，彼一切悉皆無常。正觀無常已，色愛即除。色愛除已，心善解脫。如是觀受、想、行、識，若過去、若未來、若現在，若內、若外，若麁、若細，若好、若醜，若遠、若近，彼一切悉皆無常。正觀無常已，識愛即除。識愛除已，我說心善解脫。」(CBETA, T02, no. 99, p. 4-p. 5)《雜阿含經》卷一：「世尊告諸比丘：『色無常，無常即苦，苦即非我，非我者即非我所；如是觀者，名眞實觀。如是受、想、行、識無常，無常即苦，苦即非我，非我者即非我所；如是觀者，名眞實觀。』」(CBETA, T02, no. 99, p. 2)

動，而不想要體認接受這個事實，卻試圖在「意識心」想方設法去銘刻這「永恆的印記」的人，到頭來只是徒留傷感與遺恨！

有一次，有位弟子竟然意氣飛揚地宣稱：「這意識心，可以去到後世。」大家都說他錯了，但也都不能說動他；而佛陀最後知道了，就叫他到跟前來，在大庭廣眾之中，公開譴責為「**愚癡人**」；佛陀嚴正聲明：「**以為現在這個意識心，不是無常，以為祂會去到未來世，這是邪惡的見解**[12]」。佛陀在世弘法的四十九年中，對待「意識心引生的惡見」，沒有發生過一點點通融的餘地。

所以，假藏傳佛教以為單憑施設了這「微細的意識心」，以別於「虛妄的意識心」，以為當時的 佛陀絕對不知道未來的他們還會有這一招，以為這樣就可以逃過 佛陀的正說、譴責與破斥；哪裡曉得無所不知的 佛陀於二千五百年前，預下金口，好整以暇，等待密教愚人上鉤，老早將金箍圈緊緊地套牢在這群未來世會堅持「細意識不滅」的「呆頭鵝」的額頭上了！假藏傳佛

12《中阿含經》卷五十四〈2大品〉：「我聞如是：一時，佛遊舍衛國，在勝林給孤獨園，爾時，嗏帝比丘雞和哆子生如是惡見：『我知世尊如是說法：今此識，往生不更異！』」(CBETA, T01, no. 26, p. 766)

教一切的把戲哪裡能夠逃出 如來佛的手掌心呢！

《瑜伽師地論》明說第八識——阿賴耶識

既然如此，那宗喀巴的「意識爲一切染淨諸法的根本」的邪見是從哪裡來的呢？在《菩提道次第廣論》中，他大量地引用 彌勒菩薩的《瑜伽師地論》。當我們閱讀《瑜伽師地論》原典的第一卷，其中談到心識，彌勒菩薩是依照這樣的順序：「眼識、耳識、鼻識、舌識、身識」來標示，最後第六個是以「意地」來表示，而在這「意地」則舉示了「心、意、識」三者[13]；宗喀巴可能因此而**誤解，以爲：意識可以將「心——第八識」、「意——第七識」予以函蓋**，心中懷疑第七識、第八識都是意識分出去的。

然而，彌勒菩薩在《瑜伽師地論》的法會上，開宗明義在第一卷便說：先講解「聲聞地」的小乘法，暫時不特別闡釋大乘「菩薩地」的第七識和第

13《瑜伽師地論》卷一：「云何意自性？謂心意識。心：謂一切種子所隨依止性，所隨(依附依止)性，體能執受、異熟所攝，阿賴耶識。意：謂恒行意，及六識身，無間滅意。識：謂現前了別所緣境界。彼所依者，等無間依，謂意；種子依，謂如前說一切種子阿賴耶識。」(CBETA, T30, no. 1579, p. 280)

八識；如是作爲方便，來令聽者理解，所以看似以小乘人能夠理解的智慧範圍來說明「六識」，然而在「意識」這個地方，卻以「意地」巧妙地闡釋「意識」與「心、意、識」之間的關聯，所以實際上合起來，還是貨眞價實的八識論正理！

妙覺大士說：這個第八識「心」就是萬法之依止，祂就是能夠含藏一切種子功德、一切業種的心王，就是《華嚴經》所說的「萬法唯心」的心；這個「能生萬法」的「心王」，即是一切眾生有情各自都有的第八識，名之爲「阿賴耶識」，又名爲「如來藏」。

這一卷更明白指出說：**這「意識」是以「意」爲所依，更是以「第八識」爲種子依**[14]**，說明這意識的種子是由第八識所含藏的，從如來藏中的意識種子變現以後，才有了意識的出生！意根只是意識出生的藉緣，作爲俱有依，而非是眞正能夠出生意識的本因之法。**

然而，宗喀巴在無法信受　釋迦牟尼佛眞實語的同時，也無法信受當來下生佛—彌勒菩薩妙覺大士—的眞實語；即使　彌勒菩薩將前五識特別以「眼識、

---

14 同於註釋13的出處。

耳識、鼻識、舌識、身識」來標示，在識陰的最後一識暫時不說爲「意識」，而以「意地」來表示，特別憫念聲聞人不懂第七識意根與第八識阿賴耶識的義理，因此留待後來詳述八識的「菩薩地」的法會（後卷）之中，再來作細說，然而年輕的宗喀巴還是視若無睹！

在宗喀巴走馬看花，浮光掠影過大乘佛教經論之後，他不斷地簡化、淺化佛教的教理，不斷銷蝕深奧難懂的大乘佛法，來符合他原來設定的六識論的既定論點，最後終於決定堅持「唯有六識」的立論；並且將意識無限上綱，來詮釋他心目中所認爲最終極完美的生命信仰——「意識是無限而且是永恆」的怛特羅（譚崔）密教，滿足他世世不斷享受男女交合的欲望！

我們觀察至此，終於瞭解宗喀巴並非是「誤解」了佛教經典的義理；若說他是誤解大乘佛法，完全讀不懂大乘經中明說的八識論正義，可就是太小看他了！宗喀巴的心裡其實是「徹底反對」佛教的，他是色彩鮮明地反對大小乘經典中 佛陀所說的眞實理。佛說的法界實相——第八識，對他而言，是莫須有的；這個極深妙、極重要的教理，是 佛陀出世教導眾生的唯一原因，佛陀以三轉法輪四十九年的時光才能解說完成；然而不論是隱密說、明了說，都完全不曾在宗喀巴的腦海裡佔據過一點點位置。

因爲世間一般人眞的很難以相信有這個眞實心如來藏的存在，還是寧可信受自己已經知道的意識覺知心；這意識所緣取、所感受的境界是這麼的眞實，這意識的存在也是這麼的眞實；而且每一輩子都會有意識，也都必須有意識，否則如何與所緣的境界相應？難道眞實的「我」必須剝奪這樣「見聞嗅嚐覺知」的功能嗎？而且從過去世來到今生，這個心識必定要能夠連貫，否則如何能說其中有一個「我」？在不能沒有「自我」的情況下，宗喀巴、達賴喇嘛便向世俗人的認知來靠攏，才不會曲高和寡，才能獲得多數人的支持；因此，他們的修行無可避免地遠離　佛陀的眞實聖教，在大勢所趨的情況下，繼續走上常見外道的老路，將「意識心永恆」的旗幟高高掛起！

如果徹底檢析假藏傳佛教的其他教派，雖然他們並非都像是格魯派黃教直接全盤否定　佛陀所說的正理，然而爲了避免與正統佛教的教義直接衝突，他們也會穿上佛教與佛法的外衣，依此而說有如來藏、阿賴耶識，然後以四歸依及明點等外道法，妄指爲第八識如來藏。可是生性慧黠的宗喀巴，識破了其他三大派的居心，知道其餘三大派所信受的還是「意識心」，因此他就直接否定了第八識如來藏。或許宗喀巴心中是這樣想：「你們正統佛教的僧侶們認爲實有第八識阿賴耶識，就算是『有』好了，我不要和你們多費唇舌，我會在我的中觀見裡面將你們一一破斥。如果是眞正有『智慧』的人，當然會瞭解這是六識的世界，沒有第七識意根與第八識如來藏。」

宗喀巴一輩子沒有遇到明師，不曾閱讀過眞善知識的著作，即使遇到妙覺菩薩的大論也是讀不懂；更可悲的是，當時假藏傳佛教也沒有人眞的瞭解佛陀所說的眞諦，也都讀不懂 彌勒菩薩所演說的大論，因此宗喀巴由於辯經的敏捷，讓他佔了上風而成爲開疆闢土的開山祖師；他終於等到了他個人的新時代，開創了格魯派——俗稱黃教。

然而不能理解 如來所說第八識正理的僧侶，並不是只有西藏才有，在今日的台灣，即使佛教僧侶的知識因爲教育水平而大幅度提高了，然而還是落在邪見上打轉不停，同樣不清楚意識的虛妄性；對深妙無比的如來藏、阿賴耶識[15]妙義，因無力實證，也就無法完全信受，於是 佛陀所說的八識論正

15 佛光山講授《菩提道次第廣論》的永本法師，在《菩提道次第廣論中士道(10)》的佛光山的廣告詞中，說：「賴後主人翁，指派末那作先鋒，心居中樞總指揮，五識活動如追風」，還是不能理解八識，但顯然是希望從否定八識論的立場解脫出來；既然如此，爲何還要聽從本山的規定，來教導否定阿賴耶識的《廣論》呢？實際來說，阿賴耶識不是會「指派」末那識作任何事的，祂是無作的心體。祂無始以來就是「無作心」，從來不曾如末那那樣去「作主」，如何有「指派」之說？而接下來說的「心居中樞總指揮、五識活動如追風」，那麼意識去哪裡了？如果這「心」這

理從此變成了玄妙之學，非是語言文字邏輯思惟所能夠理解。在如此善根難以具足的情況下，不清楚如來藏的無作卻能緣生萬法的圓成實性，不清楚爲何如來藏即是阿賴耶識，佛法知見之淺薄也就可想而知了！

而且台灣由於印順法師對於大乘佛法的厭惡，在他的著作之中，對於佛教作長達一生的抨擊，大大地影響了原本已經面臨各種歧路而不斷掙扎的台灣佛教僧尼；無怪乎在台灣佛教界中，竟然有法師在如此直接明白的如來藏的正理都難以理解的窘境之下，會膽敢藉由法律的興訟，在法庭中借題發揮而公然破法：說沒有第八識如來藏的存在，在公開審理庭中留下不可磨滅的錄音記錄，而成爲 佛陀所說的公然破法的證據；如是之者，同爲這一代無信於佛法僧戒的無知學人，無視於自身所持是否爲惡見，毫不在乎這是否爲惡業；三寶可貴的熏習都不曾在這位法師身上留下一個受教於 佛陀聖教的痕跡，如此爲這顛沛流離的大乘末法寫下了一個令人辛酸的註腳！

個「中樞」是要來代表「意識心」，那就是違背了八識論正法，就是又導歸六識邪論了，這樣否定 佛陀八識正法的《廣論》，難道已經徹底將佛光山全體僧侶徹底回歸外道瑜伽密教了嗎？

由如來藏藉根塵才能出生意識

我們再舉出幾個實際的例子，來說明意識的虛妄性，讀者才能遠離《菩提道次第廣論》中意識常住不壞的邪論，成爲眞正的佛弟子。佛陀在極多法會中，公開教誨我們：「緣根、塵，生識。」緣眼根、色塵而生眼識，乃至緣意根、法塵而生意識；意識是藉意根和法塵兩者作爲所緣，才能從如來藏中出生的法，因此意識心是「後生晚輩」之法，意識出生之前還有兩個「前輩」法已先存在；這兩個法還得要在意識出生以後繼續存在，作爲意識的所緣，意識才能存在；所以意識根本沒有任何能力對「意根」、「法塵」的出生有任何的貢獻，祂尚且還要這兩個法的協助，否則自己都無法存在了，哪裡還有什麼資格去論說「出生一切萬法」？明乎於此，就知道爲何要說「意識心是妄心」，「意識心不能出生一切萬法」了。

意識心出生時，必須要「意根」和「法塵」兩者生起，並且繼續存在，作爲意識出生的必要條件，因此意識於不同分位、不同時節因緣之下，都無法自行決定自身是否能夠延續而存在，連生滅與否都得觀待其他的諸法，如何有「自在性」可說？更何況有生就有滅，既然現下會因爲某些緣起而出生，當然以後還是會因其他緣起的條件改變而滅去，如何能說意識會具備有「眞實恆常」的體性呢？

如此被生的意識心更不可能出生五識心，因爲六識心同屬於十八界法，而每一界法各有各的界限，各有各的生滅，如何能夠相互出生？如何能夠以生滅的意識心作爲各法的根本所依？意識心更不可能跨越生死而入住於胎中來出生色身，如何可以將如是生滅性的「意識心」如宗喀巴一樣，妄想當作是「一切染淨諸法的根本」呢？如果可以如此，那聖教量是不是應該從《阿含經》先改起，而將「緣根、塵，生識」改成「不緣，生識」？或是「意識，不生不滅」？請問有智慧的你，除了假藏傳佛教、密教的典籍之外，佛陀的經典哪一部會有記載這樣前後顚倒的道理呢？

眞如本因——阿賴耶識出生一切諸法

龍樹菩薩在《中論》說：根據 佛陀所說的《般若經》，一切世間萬事萬物，乃至一切有情五陰中的任何一個法，都不能由自己來出生自己（不自生）！也沒有辦法靠著「其他的法」來出生自己（不他生）！更不能藉由「自己」和

「其他的事物、有情、諸法」一起「相互緣起」來出生「自己」（不共生）！。除了第八識如來藏心以外，所有法統統加在一起，也都沒有辦法來出生任何一個法！當一切法各自獨立而使功能更加減少時，更不可能出生任何一個法！無論將任何一法予以創新、予以增減，全部都拿過來試驗，即使試到了天荒地老、海枯石爛，也是不可能成功而出生一個法！更別說有什麼「細意識」可以作爲出生「輪迴和涅槃的基礎」等夢話了！這才是 龍樹菩薩的《中論》所要宣說的前提。

龍樹菩薩的《中論》既然是依照 佛陀的善說法，掐緊了基本的「是與非」，不理會世間聲聞凡夫大師是不是已經「腦筋打結」，在闡釋大乘般若妙諦的同時，又加上石破天驚一問：**那我們現在能夠觀察到這些每個環繞在我們周遭的諸法，既然是一一存在，而佛法又不是「無因論」**（不無因生），**那麼這個能夠出生萬法的「因」又在哪裡？能生萬法者究竟是誰？**所以說諸法不是「無因」而可以生，除了要有所緣的諸法以外，還必須要有「因」才能出生。所以《中論》說，諸法實相出過一切心數法（超出也越過人們可以數得出來的意根及識陰六識等心法），無生無滅；哪裡是含攝在「一切心數法」之內的意識可以作爲「實相」的呢？

因此，佛陀在《阿含經》中略說名色生因的第八個「識」以後，也在大乘法中盡情揭露這萬法的「生因」，就是第二轉法輪的般若諸經所說的「眞如」；超越一切空義而說「眞如：無有變異、自性眞實」，「**真如出生一切諸法**」[16]！這萬法的「生因」即是第三轉法輪唯識經說的「第八識」，而說「**阿賴耶識出生一切萬法**」[17]、「第八識就是成就佛果的無垢識」[18]！所以，能生萬法

16《大般若波羅蜜多經》卷五六九〈6法性品〉：「眞如名爲無異、無變、無生、無諍，自性眞實，以無諍故說名眞如；如實知見諸法不生：**諸法雖生，眞如不動，眞如雖生諸法，而眞如不生**，是名法身。」(CBETA, T07, no. 220, p. 937)

17《大乘理趣六波羅蜜多經》卷十〈10般若波羅蜜多品〉：「一切有爲法，如乾闥婆城，眾生妄心取，雖現非實有。諸法非因生，亦非無因生，虛妄分別有，是故說唯心。無明妄想見，而是色相因，藏識爲所依，隨緣現眾像。如人目有瞖，妄見空中花，習氣擾濁心，從是三有現。眼識依賴耶，能見種種色，譬如鏡中像，分別不在外。所見皆自心，非常亦非斷，賴耶識所變，能現於世間。法性皆平等，一切法所依，藏識恒不斷，末那計爲我，集起說爲心，思量性名意，了別義爲識，是故說唯心。心外諸境界，妄見毛輪花，所執實皆無，咸是識心變。色具色功能，皆依賴耶識。」(CBETA, T08, no. 261, p. 911.)

18《大乘理趣六波羅蜜多經》卷十〈10般若波羅蜜多品〉：「賴耶性清淨，妄識所熏習，圓鏡智相應，如日出雲翳。若有修空者，順空而取空，觀空與色殊，不名眞觀者。觀色即是空，色空不可得，此即勝義空，是眞解脫者。客塵無自性，無明妄分別，實相非有無，眾生虛妄見。猶如日月明，流光能普照，如來清淨藏，具足諸功德。眞妄互相熏，猶如二象鬪，弱者去無迴，妄盡無來去。蓮花性無染，出水離淤泥，菡萏開敷時，見者皆歡喜。如來無垢識，永斷諸習氣，清淨智圓明，賢聖所歸趣。猶如最勝寶，無復諸瑕翳，輪王爲寶冠，常置於頂上。如來清淨藏，永離

者，就是眞如，就是阿賴耶識，就是第八識，就是如來藏，出生一切諸法！

因此　龍樹菩薩著作《中論》，就是依照　佛陀在第二轉法輪所講述的《般若經》來闡述其中的大乘的空觀義理，自然是根據經典所說的「眞如雖生萬法，而眞如不生」的義理（見註釋16）來加以闡述，依照「眞如」而說有「般若中觀」，既然這「眞如」是一切諸法的「生因」，就不是那些堅持「緣起性空」而「無因」「無有眞如」的斷滅空！

如此斷滅空的論者捧著「緣起性空」的名相，卻不曉得這二轉法輪經典所說的「眞如」正理，如此之人卻還要執取說「一切諸法無自性」就是「緣起性空」，可是卻轉而否定第八識如來藏，如此還要**硬拗**說他所說的不是斷滅見；請問有智慧的你：一切諸法，包含出世間法，連個影子都沒有了，這樣還不是斷滅，請問這是什麼？

如果說這時還堅持有個「緣起法」存在，所以不是斷滅；請問有智慧的

諸分別，體具恒沙德，諸佛之法身。住眞無漏界，清淨解脱身，寂滅等虛空，法性無來去。佛現三界中，不生亦不滅，此界及他方，湛然常不動。平等眞法界，佛與眾生如，非斷亦非常，大悲恒不盡。」(CBETA, T08, no. 261, p. 912)

你，既然不肯承認這「緣起法」是個可以親證的實有之法，沒有「體、性、相、用」可以各別分說，那「緣起法」當然是言說之法！既然僅僅是言說之法，當「一切諸法」這些「所論述」、「所說」的「對象」消失的時候，此「言說」之法當然也就隨之「對象」而消失，哪裡還能存在？而如何不落於斷滅之中？而且言說之法本身就是生滅法，哪裡可以說它還能時時存在，而不落入斷滅空？

有的人則是在閱讀佛經之時，望文生義，在沒有綜觀全貌的情況下，只知道局部的經義，就以為一切法都是「緣起所出生的」，因此沒有眞正的實體，所以錯認「緣起就是究竟佛法」！然而，我們看看佛世，當阿難尊者興高采烈地去參見　佛陀，說「緣起法很簡單」，結果當場被　佛陀訓斥。

佛陀直接說：你們小乘聲聞人不懂得「緣起法」中所要說的「入胎的這個識」！你們要瞭解，這個入胎識是你們一直無法親證的！你們聲聞人既然都知道「六識」隨著因緣而滅，都不能去到後世，那你們如何理解這深奧的「入胎識」？說到阿難啞口無言！所以，要如實理解「緣起法」，要說「緣起性空」，就不能不親證這「入胎識」，這就是六識論者所無法接受的　佛陀的正見：第八識！

而且，當「緣起法」是以「一切世間諸法」來作爲論述的對象時，後來的假藏傳佛教的「細意識常住不壞」說，就已經註定無法離開佛陀所說虛妄法的定位了；因爲「一切諸法」既然都是緣起虛妄，無有眞實的體性，而「細意識」即使可以詭辯說不包含在「意識」之中（然而細意識還是歸屬於意識），然而本身還是含攝在「一切諸法」之中，如何逃避緣起生滅的體性，而說「常住不壞」？

又有人以爲祭出「緣起法」的大旗，就解決了「生因」的問題，以爲如此就是代表詮釋了「一切諸法是緣起生」，卻不曉得還是落於對於「緣起法」是否爲「實相法」還是「言說法」的無知；如果說一切諸法是十二緣起法中所生，則應當先自問這十二緣起法（支）的每一支本身是不是包含在一切法裡面？佛陀已經說一切法不能自生、他生、不自他和合緣起而生，請問這十二因緣法的每一支法哪裡可以作生因呢？只能夠作「緣」啊！所以如果這組成十二緣起法的每一支的法都不是「生因」，那拼湊組合而成的「十二緣起法」爲何可以說是「生因」？

所以，任何說從會生滅的「虛妄諸法」中，藉由「虛妄諸法」來說「諸法相互緣起」或「諸法相互不緣起」，以爲這樣可以解決「諸法的出生」的「生因」的問題，自然都是戲論，都是不瞭解 龍樹菩薩說的『諸法』不能由『諸法』來自生」的道理之人！

佛陀在大乘法中，更說有「法」不是「十二因緣」所能包含，也不是「緣起所生」，就是涅槃[19]；請問：如果堅持是「緣起法」，才能出生一切諸法，要如何解釋「自性涅槃」的「非十二因緣」法？而且 佛陀在大乘法會之中，盡情演說「一切諸法」都是「自性本自涅槃」，請問這時是以何爲「涅槃」？爲何「緣起的諸法」和「不緣起的涅槃」會有關係？爲何「無有眞實自性」的諸法，卻是有本自的「自性涅槃」一直存在？

大乘法中更申論說，「緣起法」不是表示的法，不只是用來表示「流轉還滅」的生死現象而已，它是個實際存在的法；作爲推動生死流轉還滅的核心

19《大般涅槃經》卷三十四〈12 迦葉菩薩品〉：「我又一時告喻比丘而作是言：『十二因緣，有佛無佛，性相常住；善男子！有十二緣不從緣生；有從緣生，非十二緣；有從緣生，亦十二緣；有非緣生，非十二緣。有十二緣非緣生者，謂未來世十二支也；有從緣生非十二緣者，謂阿羅漢所有五陰；有從緣生亦十二緣者，謂凡夫人所有五陰十二因緣；有非緣生非十二緣者，謂虛空涅槃。』」(CBETA, T12, no. 374, p. 567)

與根本，這才是「緣起法」的眞諦！這緣起法就是要顯示這入胎識，就是第一轉法輪所說的六識之上的「入胎識、如來藏」，就是呼應第二轉法輪的「眞如心」，就是呼應第三轉法輪的阿賴耶識；祂爲三界有情生死的所依，沒有祂，就不會入胎，就不會產生後有的生命，就不會有生死輪迴！[20]所以祂才是一切緣起之一切法的根本所依！祂是世間、出世間法的一切的所依，由於祂而說有生死，而說有涅槃，由祂說有「有爲法、無爲法」、「無漏法、有漏法」，因此想要解脫三界生死，想要救度眾生，想要成就佛道，一切都是要靠這第八識！所以一切法不能離開實相法而自說，這於緣起法也是如此，不論是言說之法、表義之法、十八界法、一切諸法都是來自這眞如第八識如來藏！

宗喀巴則以爲在輪迴生死之中，是他所愛戀不捨的意識來投胎，說意識是

20《長阿含經》卷十：「阿難！緣識有名色，此爲何義？若識不入母胎者，有名色不？答曰：無也！『若識入胎不出者，有名色不？』答曰：『無也！』『若識出胎，嬰孩壞敗，名色得增長不？』答曰：『無也！』『阿難！若無識者，有名色不？』答曰：『無也！』阿難！我以是緣，知名色由識，緣識有名色。我所說者，義在於此。」(CBETA, T01, no. 1, p. 61)而且接下來，這個「入胎識」還會作爲出生「色身、六識、六識的受、想、行」等我們認爲的「我」的「五蘊」，都是要靠祂才能夠增長減損。

「最初識」[21]來入胎，如同世間凡夫所以爲的「靈魂不滅」、「意識不滅」，不肯接受 佛陀所說的第八識才是眞正入胎的「最初識」；又即使假藏傳佛教創造了一個可以去到後世的細意識，這細意識仍然是歸屬於意識，這「細意識可以去到後世」的見解仍然是 如來大力指責的惡見[22]；面對佛教教主對意識的嚴厲的斥責，這永遠是假藏傳佛教的心頭大患，所以密宗除了要陽奉陰違之外，還得要明著或暗裡刻意處處貶損 佛陀，指稱 佛陀的境界遠不如喇嘛們的樂空雙運意識境界，這就是假藏傳佛教所一直遵行實踐的崇密抑顯的作爲！

彌勒菩薩在《瑜伽師地論》更明說三界中眞正的「最極微細識」，這個「最極微細」的意識是可知的、是可證的，小乘聖者都必須先行證取這三界中「最極微細」的意識心的「無常性」[23]，才能進修取證小乘二種涅槃。返觀假藏

---

21 宗喀巴於《菩提道次第廣論》中說：「若是胎生，由其最初識入精血，爲羯羅藍，與名俱增，成眼等四處。」

22 佛在《阿含經》中早就開示：「諸**所有意識**，彼一切皆意、法因緣生。」

23 《瑜伽師地論》卷九十三：「諸聖弟子復欲悟入**最極微細**識無常性，即於緣起如理思惟，由能分別墮自相續觸所生起諸受分位差別性故，便能悟入識無常性。彼既成就如是智見，漸次於受所依止身所因諸觸及餘一切名所攝行，皆能厭離，生於勝解，亦得解脫。得解脫故，安住畢竟若有餘依、若無餘依二涅槃界。」(CBETA, T30, no. 1579, p. 830) 古今中外無法脫離凡夫意識心我的一切學人，於聖教不能安住，因此往往極力於名相上作不實施設建立，密教、藏傳假佛教公然反對 佛陀，都是於聖教中作增益執取的愚人，更可憐的是，他們所創造的名相竟然打從一開

傳佛教宗喀巴、達賴喇嘛卻要癡心妄想擁護這本自無常性的意識心我，於中陰境界、涅槃境界之中，創造一個永恆意識的虛妄想，又醉心於「細意識」、「最細意識」、「極細意識」等名相的不實施設，堆砌建立而妄說爲一切染淨法的根本所依，卻無法面對聖教中，當來下生佛　彌勒菩薩所闡釋說明的「最極微細」的意識的無常生滅性，請問這樣連小乘解脫法的義理都如是顢頇的宗喀巴，又如何能於《廣論》之中正確無誤地述說大乘的正理呢？

龍樹菩薩否定眞如心，也否定阿賴耶識？

對於年輕的宗喀巴而言，無法實證第八識如來藏並不是他修學的困局，他轉而抨擊第八識存在的合理性，從頭到底都極力反對並且攻擊　佛陀所說的第八識眞心，主張只要能有意識，就能夠出生一切諸法；在假藏傳佛教的四大派裡，宗喀巴確實是獨樹一幟，然而他還是需要有經論的依據來支持他

始就被　彌勒菩薩看穿了，一個「最極微細」已經堵住了那些妄想「細」、「微細」、「極細」、「極微細」意識等名相施設之愚人的嘴巴了。

的說法，因此他到底又借用了什麼經論，來建立他個人的妄見呢？

我們可以從宗喀巴的《菩提道次第廣論》中多次引用的《釋菩提心論》看得出來若干蛛絲馬跡，這部論的實質義理自始至終都在反對　佛陀在《華嚴經》中說的第八識「眞心」、「一心」；當然也反對　佛陀在第三轉法輪所說的唯識妙義經典《楞伽經》、《解深密經》中說的第八識，以及否定　彌勒菩薩在《瑜伽師地論》所說的「阿賴耶識」；這就是同時反對　佛陀在第二轉法輪時說的「眞如」，也等同反對　佛陀在第一轉法輪所說的「入胎識」。

而上述這些廣被假藏傳佛教的宗喀巴否定其眞正法義的典籍，卻也是他在《菩提道次第廣論》中作爲摘錄引用經論法句的來源，因此他所引用的經論的實際內涵，以及　佛陀有否在其中闡釋第八識如來藏，都不是他所在意的重點，他只是以此來強調凸顯他讀過大經大論，來籠罩對於經論眞正義理難以瞭解之人，並不是眞的想要從這些所列舉的經論，來爲自己的《廣論》作證！慧黠的宗喀巴巧妙地借用了佛教典籍的經題，來增加他的《廣論》的可信度，來豐富《廣論》表面上的內容，結果骨子裡卻是徹底反對其中的義理！

因此，宗喀巴必然還會舉出這部專門否定上述經論的《釋菩提心論》的說法，以作爲他《廣論》立論的圭臬，因爲這部論所說的「意識心至上」的見解，才是他眞正信受的義理；從這樣的認知開始，年輕的宗喀巴很早就決定要踏上與大眾不同的「密宗道」，他將要藉由抨擊 佛陀的第八識如來藏，來開創自己的新時代，徹底與 佛陀的教義決裂！

當這部《釋菩提心論》被傳說爲 龍樹菩薩所造的時候，宗喀巴想必更加堅固自己對於意識心永恆的抉擇；然而 龍樹菩薩於第三轉法輪的楞伽法會上，被 佛陀懸記以證得大乘初地菩薩果位而往生極樂世界，十方諸佛世界之中，也永遠不會有未證大乘第八識的初地菩薩，又如何會有大乘初地菩薩會出來反對 佛陀在三轉法輪所說的妙義呢？而且，哪裡可能說初地菩薩會公然造論來否定《華嚴經》、《楞伽經》、《解深密經》的說法？能夠證得初地的果位，都還得依照這些經典中的義理才有可能實證的！所以單從初地菩薩的果證來觀察，以及這些經典弘揚第八識如來藏的正理，並極力破斥意識心常住不壞的惡見，就可以瞭知 所謂「龍樹菩薩造《釋菩提心論》」的說法是不可能發生的事情！是顚倒是非的說法！完全是子虛烏有的事情。

因此，假藏傳佛教僞稱爲「龍樹」所造的《釋菩提心論》的義理，除了讓無因唯緣論的「應成派中觀」得以成立以外，並沒有其他可以利益學佛人的目的！而宗喀巴這「應成派中觀」的法理，正好是 佛陀說的斷滅見，是惡取空者，是惡法中的惡法，任何一位初地菩薩都不會墮入如此的惡見，更何況會出來造這樣的惡見論！

然而僞託 龍樹菩薩的名字而造論，甚至僞託成諸佛如來所說的佛經，都是天竺晚期佛教的密教人士常作的事情，不足爲奇，也不足爲訓。因此，當我們看到宗喀巴的傳人——達賴喇嘛還要繼續依照這樣文理不通而誹謗如來甚深妙義的「僞論」來說法，實在是令人覺得無智，甚至他還說「龍樹菩薩不但是上根者，而且是上上根者，最頂尖的大乘聖者」[24]，可是這句話對於初地菩薩並不適合，因爲初地菩薩才剛開始進入第二大阿僧祇劫修行，在他的眼前，還有漫長的二大阿僧祇劫的生涯歲月需要經歷，所以任何一位剛入地的菩薩，沒有人可以堪受如是「最頂尖」的讚譽。而密宗的根本居心

[24] 達賴喇嘛於《釋菩提心論——第十四世達賴喇嘛講授》提出，實際上，在假藏傳佛教的人的心目中，不認爲 龍樹菩薩的證量是僅止於初地菩薩的。

是以《釋菩提心論》來否定　佛陀正法，因此達賴所讚譽的推崇意識心的「龍樹」，只是被利用來僞稱爲造論者的「假龍樹」的「圖騰」，不是　佛陀金口授記的初地菩薩　龍樹。

在西藏一地，假藏傳佛教大幅度提昇　龍樹菩薩所修證的果位，甚至有人是直接將　龍樹菩薩當作「佛」來膜拜，因此僞託假造是　龍樹菩薩的論著出現，以博取建立廣大的公信力，就不令人覺得奇怪了！因爲透過聖位菩薩的名義來籠罩人，甚爲方便，往往也都能達成效果，這就如同宗喀巴以　觀世音菩薩作爲其弟子的轉世來籠罩人一樣！

因此假藏傳佛教藉著　龍樹菩薩的名義僞造出來的《釋菩提心論》，先將「意識常住不壞」的見解深植人心，再來順水推舟，建立「細意識常住」的理論，讓意識境界的雙身法立於不敗之地。再來摻入「一切法空」、「緣起性空」的名相，這意識心於雙身法之中，便可以「享受婬樂」又可以「體認法空」，如是「樂空雙運」的「無上瑜伽灌頂」便能水到渠成。然而，當假藏傳佛教在意識心的「常住永恆」與「一切皆空」之間擺盪，卻一點都沒有意會到這就是常見外道與斷見外道的惡見，仍然渾然忘我而繼續與信眾婬樂！

然而能夠眞知灼見瞭解假藏傳佛教墮於常見與斷見的人，畢竟很少，因此宗喀巴大力弘揚《釋菩提心論》，假藉「龍樹菩薩」名號的威信，讓自己從「意識心的虛妄性」的困局中來解套（甚至今日的達賴喇嘛也不得不然弘揚這部論）；否則，當意識繼續被人依 佛陀聖教及實證的現觀而指證爲生滅法時，意識境界的雙身法樂空雙運理論與行門，當然也要被歸類爲生滅法，又怎能繼續推廣弘揚呢？

而對於假藏傳佛教來說，他們認爲不必歷經三大阿僧祇劫就能「即身成佛」，所以雖然菩薩才剛入地而生到如來家，也等同於是要快速成佛了！而且以「即身成佛」的飛快速度，假藏傳佛教上師心中的 龍樹菩薩，在一千多年前往生到極樂世界，時至今日，當然是早已成佛了，無怪乎他們都要將 龍樹菩薩當作是「最頂尖的大乘聖者」來膜拜了，也無怪乎要僞託爲菩薩的著作，這樣「獨尊龍樹」、藉由「龍樹新佛」來打擊「佛教」的第八識如來藏的態勢，必然是行走於邪僻之徑的假藏傳佛教的大勢所趨！

然而從事實上來看，龍樹菩薩的《中論》卻是依第八識如來藏的中道性來建立、來闡釋的；若是依第六意識來解釋 龍樹菩薩的《中論》，卻不免被龍樹菩薩的《中論》眞義所破；等到不久以後有人將　龍樹菩薩的《中論》的眞實義註解出來時，證明　龍樹菩薩從始至終都是弘揚第八識阿賴耶識而否定第六意識，屆時假藏傳佛教達賴喇嘛等人，對他們一向否定的第八識如來藏，又將如何自圓其說？對他們一向推崇的　龍樹菩薩，又將如何面對？

《廣論》以無自性來看待第三轉法輪的經典

宗喀巴在應成派中觀裡，大力闡揚「無自性」；甚至不惜扭曲　佛陀的說法，將「涅槃實性」、「諸法自性涅槃」中的「實性」都變成「無自性」，徹底否定三轉法輪諸經中所倡導的第八識眞實義。然而他可能誤解的根據在哪裡？

佛陀在第三轉法輪的經典《解深密經》中，根據三種能變識的「遍計執、依他起、圓成實」等三種體性，深入闡釋「三無性」，說明「無」。然而對於不瞭解　佛陀所說深妙理的人來說，到底是「有自性」還是「無自性」？依舊是一頭霧水的。

然而這道理對於眞正證悟的祖師或現代證悟菩薩來說，已經是說得很清楚了。我們且舉「圓成實性」爲例，佛陀的意思[25]是：「圓成實」這樣的「自性」，就是聖者之內所自證的「勝義」，非是觀待任何一個外法或語言文字而施設名言成立的法；所以說「圓成實」的「自性」，即是離開文字名言建立的眞正「勝義」，又「無一切戲論」的法性、體性，所以說爲本來「勝義無」的自性！又「勝義」畢竟只是意識心證得如來藏後所擁有的智慧所知而安立，對於「心行處滅」的「勝義心如來藏」自身而言，並「沒有勝義的自性」可言，不假觀待任何「有自性、無自性」的名言，又無所謂意識心之證得不證得此「勝義心」，而本來如是，依此而說「勝義無」，如是本來「無有勝義自性」的自性。

然而世間凡夫只是從文字表相去附會，看見「勝義無自性」中有個「無」，便因此以爲勝義的圓成實性也是無有自性，因此還可以繼續說諸法皆空、世

25《解深密經》卷二〈5無自性相品〉：「復有諸法圓成實相，亦名勝義無自性性，何以故？一切諸法，法無我性，名爲勝義，亦得名爲無自性性；是一切法勝義諦故，無自性性之所顯故，由此因緣，名爲勝義無自性性！」(CBETA, T16, no. 676, p. 694)

《顯揚聖教論》卷十六〈7成無性品〉：「圓成實自性，由勝義無性故，說爲無性，何以故？由此自性，即是勝義，亦是無性，由無戲論我法性故。是故圓成實自性，是勝義故，及無戲論性故，說爲勝義無性。應知於依他起自性，由異相故，亦得建立爲勝義無性，何以故？由無勝義性故。」(CBETA, T31, no. 1602, p. 559)

間的一切法空，又說出世間的勝義也是空，因此「圓成實」也是空無自性。如是之人，完全誤會而不曉得 佛陀眞正的意旨！所以假藏傳佛教的中觀師們同樣抱持著「無自性」而喊得震天價響，卻只是一場讀不懂經典而誤人誤己的鬧劇！

所以，《解深密經》說第三轉法輪的經典妙義，是 佛陀轉正法輪中，第一甚奇、最爲希有，沒有更上的法輪；是眞正了義，不容任何諍辯議論[26]！以「顯了相」來明白顯說這第一義諦，不同於第二轉法輪的「隱密相」而「猶未了義」！

因此，這勝義自性，本來從第二轉法輪開始，就說「自性涅槃」，直至更爲殊勝的第三轉法輪，仍說「自性涅槃」！無有眾生一切「戲論我」的體性

26《解深密經》卷二〈5無自性相品〉：「爾時，勝義生菩薩復白佛言：『世尊！初，於一時，在婆羅痆斯仙人墮處、施鹿林中，惟爲發趣聲聞乘者，以四諦相轉正法輪，雖是甚奇、甚爲希有，一切世間諸天人等，先無有能如法轉者；而於彼時所轉法輪，有上有容，是未了義，是諸諍論安足處所。世尊！在昔第二時中，惟爲發趣修大乘者，依一切法皆無自性、無生無滅，本來寂靜、自性涅槃，以隱密相，轉正法輪；雖更甚奇、甚爲希有，而於彼時所轉法輪，亦是有上、有所容受，猶未了義，是諸諍論安足處所。世尊！於今第三時中普爲發趣一切乘者，依一切法皆無自性、無生無滅，本來寂靜、自性涅槃、無自性性，以顯了相，轉正法輪——第一甚奇、最爲希有，于今世尊所轉法輪，無上無容，是眞了義，非諸諍論安足處所！』」(CBETA, T16, no. 676, p. 697)

法性，以此「離開諸眾生、凡夫、二乘的自性」的體性，而說「無自性」的體性，而說離開一切「名言之我」的體性；而說「聖者內所自證的勝義」是本自涅槃。自性涅槃常住，如何可被說成是假藏傳佛教宗喀巴所喜歡的「什麼自體性也沒有」？所以此第三轉法輪經典所說的第一義諦，絕上妙諦是超過凡夫的尋思境界，墮入六識論中的一切凡夫都無法理解！

所以，當假藏傳佛教宗喀巴、達賴喇嘛認定應成派中觀的「有緣無因」的見解，就會從經文表面上去贊同這第二轉法輪的「隱密相」講的比較殊勝，符合他們所要的「一切法空」，卻不知第二轉法輪的眞如心的眞實義；而且並會依此而來貶抑第三轉法輪的「顯了相」所闡釋的第八識，認為第三轉法輪的義理遠遠遜色於第二轉法輪的義理，甚至公開指責說 佛陀宣演法輪的次第顛倒！我們只能說假藏傳佛教的這些愚人自以為懂得經典，然而實則都是誤會佛經表面文字之人，所以才會一錯再錯，以「無有任何的自性」來作為基礎，來否定「本自涅槃」、「自性涅槃」的大乘法！

所以，假藏傳佛教格魯派宗喀巴才會否定這講解能生一切萬法的眞如的《解深密經》，毫不清楚 佛陀於此所說的「七眞如」，依此而闡釋眞如——

阿賴耶識的各種面相，哪裡是主張毫無自性、也無有「眞如心」的宗喀巴所能體會於萬一的呢？即使是他們自以爲懂得的第二轉法輪的大乘法，也是百般誤解，所以 佛陀才說這是「隱密相」的說法；不懂的人就喜歡裝懂，因此到了第三轉法輪時，佛陀以「顯了相」明白宣示這眞心的正理，就和他們所以爲的眞相牴觸，孰不知，他們是一開始就全然不解第二轉法輪的大乘經典！眞的是誤會一場！

涅槃也是夢幻不實？

當假藏傳佛教宗喀巴極力主張一切諸法都無有自性，連「涅槃」也無有自性，這可能是因爲他又誤解了佛經，在《小品般若波羅蜜經》說：「如果有一個法超過於涅槃，我也說它如同幻、夢一般」[27]，這對於這些壓根兒就沒有打算來「求證涅槃」的人來說，眞的是如同天降甘霖，假藏傳佛教的學人從文字表面的涵義來觀察 佛陀所要說的義理，因而誤以爲：涅槃也是空無、

---

[27]《小品般若波羅蜜經》卷一〈2 釋提桓因品〉：【須菩提言：「諸天子！設復有法過於涅槃，我亦說如幻如夢。諸天子！幻夢、涅槃，無二無別。」】(CBETA, T08, no. 227, p. 540, c16-18)

沒有自性[28]。

然而這段經文實際是在說：即使是涅槃，也是因爲先有眞正的「實際法」存在，才有涅槃可說，才有「涅槃」的「名言文字」的建立。因此，不論是「涅槃」的名言，甚至超越涅槃的名言，都必須根源於實相法，方有此「名言文字、語言名相」的建立。

而一切諸法既然都是由此實際法之所出生、所顯示，因此有出生，就會有消滅，世間一切諸法似有，而非是「眞正實有」，因而如同夢幻一般。而此出世間的涅槃名言，亦是由此實際法所顯示，亦同於夢幻一般，都是必須依此聖者內所自證的「實際法」而出生、而顯示；因此一切的一切，都如同幻夢一般。依此而說一切世間法、出世間法，生死法、涅槃法，如是一切法皆不離此「實際法」而單獨存在，因此說「諸法實相」就是「涅槃實相」，因此說「諸法、涅槃」不二、「輪迴、涅槃」不二、「生死、涅槃」不二，因爲都是以這「實際法」——阿賴耶識作爲其根本。

因此　佛陀說：**那些盡情在揣摩「如來究竟會入涅槃」、「如來究竟不會**

28　達賴喇嘛認爲這些法、包括涅槃，都是空無自性。這段話，也被宗喀巴於《密宗道次第廣論》中引用。

入涅槃」[29]的人，都是不瞭解我所說的佛法，因爲第八識——阿賴耶識就是本自涅槃，沒有外在的涅槃可說可道！

我們在此要慨嘆：凡夫不能親證 佛陀所說的第一義諦之法，難得可以於此世界發眞正的大心，因此都是將自己所以爲的六識的經驗，作爲他一生之中，直至生命終了時刻，所堅信持受的軌則！如是之人，對於世間常人所不能解釋的，則往往如同一般人所以爲的「直覺」、「靈感」、「潛意識」來加以籠統含攝，這都還是籠罩於自己堅持「意識是永恆」的黯光之中，永遠無法脫離意識心的執取，永遠無法斷除我見，也永遠是與佛法無緣的人，永遠會與「神通、通靈、變化」等相應，不會踏入破除自己的惡見的佛法修學歷程。因爲他無始以來，就是對於自己無窮輩子所熱愛喜悅的「意識心我」一直深深地執取，超過世間的一切所有，因此他永遠會活在他自己生命的陰影之中。然而這樣的黑暗，對他而言，只會永遠地當作是眞正的光明！

《廣論》「一切法空」之本質是斷滅空

29《大般涅槃經》卷三十四〈12迦葉菩薩品〉：「善男子！若言如來畢竟涅槃、不畢竟涅槃，是人不解如來意，故作如是說。」(CBETA, T12, no. 374, p. 564)

佛法所要說的「自性」究竟是什麼意思呢？就是能夠支持自己這個法本身，能夠獨立存在的體性，這個法是自在的，祂是本有的、常住的法，而且祂是世間一切有情生命都各自具備的，一律平等、無欠無餘的眞實心性。

然而提到了「自性」，假藏傳佛教宗喀巴的看法又是什麼呢？當他在《廣論》中所自詡的殊勝「止觀」透露出他是以「一切法空」來作爲根本，說一切諸法都「沒有眞實的自性」，他所謂的「一切法」也包括 佛陀所說的「眞如」，也包括法界實相，對他而言，「法界究竟的實相是空無」，因爲他以爲「實相就是無相」，因此沒有一個實際法存在，也不需要探究與追尋，只要瞭解這世間就是虛幻，這就是宗喀巴所以爲的究竟佛法！

當假藏傳佛教宗喀巴認爲一切諸法都不具備這樣的自體性，都是「空幻不實」，又不贊同 如來所說的第七識、第八識，最後到頭來，當然是全部歸於毀滅：「空無所有」。這「斷滅」的文字雖然沒有出現，但實質還是「斷滅」啊！作什麼努力、修學、精進，都會變成唐捐其功，這就是斷滅！《廣論》中想要引導大眾成就這樣「即身成佛」的佛果，到底是什麼佛？這樣立足於「一切法空」、「緣起性空」的佛？如何能夠在「永無自性」之中來維持自己

「佛果的自性」？如此假藏傳佛教的「成佛」不過是不折不扣的戲論！

然而，爲何同樣說「一切法空」的大乘和小乘佛法不會變成假藏傳佛教所說的「斷滅空」呢？因爲 佛陀開宗明義便說：佛法不是世間以爲的斷滅見，也不是世間以爲的永恆常見。小乘人信受佛語，知有涅槃眞實清涼，雖滅一切法，而仍有究竟之涅槃法不空！

大乘未悟的菩薩篤信佛語，知有本來自性清淨涅槃，不假外求，現實、眞實、清涼，於是現前方便安立「如來藏」，相信一切諸法皆是如來藏之所生所顯，因此一切諸法不是究竟的空無斷滅！

大乘證悟的菩薩們則是加以親身履踐，實證如來藏的本來自性清淨涅槃，實證如來藏能生諸法的體性，因此說現證「涅槃生死不二」，諸法依「空性如來藏」而出生，因此說「一切法空」，「一切法眞如」、「一切法本自涅槃」！在這些萬法成就的根本因、出生的根本因，佛陀直接說這都是這眞實心如來藏的體性。

我們用一個譬喻來說明假藏傳佛教《廣論》所誤認的「一切法空」，藏傳佛教宗喀巴以及《廣論》學人心中眞的相信可以成佛嗎？那如果依《廣論》

所說一切法都是空，那麼《廣論》的密宗道的「即身成佛」這「成佛之法」，其本身是不是也屬於這「一切法」所含攝？它最後趣入的「成佛」本身到底是不是「法」？如果說「樂空雙運無上瑜伽」不是「法」，爲何要說證得「法身、報身」、成就「法身佛、報身佛」？如果以上這些都是「法」，還是歸屬於這「一切法」，還是一樣屬於「一切法空」、「空無似有」的「法」嗎？這樣還是畢竟的「空、無、斷滅」！

當《廣論》自稱成就不生滅的樂空雙運報身佛果時，竟又同時說一切法空而成爲斷滅空，這樣六識論的「一切法空」就變成了徹頭徹尾的戲論。這就是印度教瑜伽的斷滅論的見解！如此的「一切法空」的見解，就和堅持斷滅見的人並沒有任何不同。如果修習假藏傳佛教《廣論》的喇嘛說：他們主張的一切法空，是不屬於這樣的「一切法空」。請問這「不空」的法，到底是佛陀所說的哪一個「實際法」呢？

如果密教說本來就沒有一個實際法，因此沒有一個法有「自體性」，那後來「成佛」，所成的佛哪裡來的「自體性」呢？

一切法就包含了成佛之法，那這個「因緣際會的因緣法」既然沒有眞正的自性，爲何可以出生有眞實自體性的「佛」呢？
既然沒有「自體性」，爲何要稱爲「佛」？
如果「成佛還是沒有自體性」，就代表未來成佛之後，還是會變化、變異、苦、空、無常，那爲何要成佛而稱爲「佛」？
什麼是假藏傳佛教所說的「佛」？
難道假藏傳佛教主張的「佛」也不眞實？
既然一切都不眞實，口口聲聲說要學密、要學佛的眞正目的是什麼？
只是要假藏傳佛教的「樂空雙運」意識、身識的境界嗎？
這是哪一個門子的幌子與騙術？

《廣論》中無法支持因果輪迴業報的意識心

宗喀巴在《廣論》中說到：善惡的業果，是因爲無明，會於「識」上來作熏習[30]，增長「習氣」。然而信受六識而否定阿賴耶識的宗喀巴，無論如何都找不到任何一個心識可以來產生業種、來攝帶業種[31]。

比如說，意識要如何能夠攝帶業種？意識本來就沒有這個功能！業種在成立之前，必須先有一個能夠產生諸法的種子，又能夠依照種子功能來實現諸法的心；請問這意識心如何能夠產生業種？意識心又如何能夠根據業種來實現諸法？業種在哪裡？意識心哪裡知道？業種有多少種的種類？需要實現的法有多少類別？什麼時候應該實現哪一個法？什麼時候又該滅去哪一個法？意識心對此可說是全然無知，因此無法扮演產生業種、實現諸法的功能，當然不會是具備這樣功能的心。

30 宗喀巴於《菩提道次第廣論》中說：「由愚業果無明起不善行，於識熏建惡業習氣，令其堪成三惡趣中果時之識乃至於受」宗喀巴：「起欲界攝戒等福行，及上界攝奢摩他等諸不動行，於識熏習妙業習氣，令其堪成欲界善趣及上界天果位之識乃至其受。」

31 有人以為說根本不需要有什麼心識來產生、攝帶、實現業，自然就會產生，這就是因緣所生法。如此的人連「因緣法」到底是要說「表示法」的名言文字，還是本身就是「實有法」，都不清楚。如果是「實有法」，這「實有法」它的「體、性、相、用」各是如何？在何處住？為何會住？它的實有體性是什麼？它與每位眾生的關係是什麼？它本自獨立，那眾生成佛的時候，這「實有法」是屬於這成佛者，還是從「實有法」分割出來？為何　佛陀要說這「實有法」是本有的？

況且，意識心本身還需要「意根」和「法塵」來作緣而後才能出生，這樣被出生的法如何能攜帶業種而不失呢？在唯識五個分位之中：眠熟無夢、正死位、悶絕無知、色界的無想定、第九次地定的滅盡定，意識心都消失了，請問這樣前一刻所攜帶的業種要寄放在哪裡？而且，這樣生滅的意識心卻要自己取出自身的意識種子，這樣來出生自己意識的這個法，如此便直接違背龍樹菩薩的《中論》「諸法不自生」的原則，這哪裡是佛法呢？

宗喀巴認爲前一世的六識爲「因位識」，後一世的六識爲「果位識」[32]。但是他並沒有想到，前一輩子的六識等「因位識」是不能去到未來世的，是不可能如他所說成爲後世的果位識的。從世間現量及世尊阿含聖教來看，都知道捨壽之後，前六識必定壞滅；有情入胎以後，在下一世的五勝義根還沒有發育成熟之前，意識等前六識根本還沒有出生。因此，如果依照宗喀巴《廣論》所說的六識論來建立諸法，那前世的六識等「因位識」在此刻入胎之後，已經滅了，但是後世的「果位識」此時尚且還來不及出生，業種就會

32 因位識與果位識的正理不是六識論邪見所能貫通的，必定處處矛盾；必須要以八識論正理來才能符合因果的正理。

成爲前後世沒有聯繫的狀態而中斷了，因果律的軌則即被他破壞了。然而，這世間的因果律還是繼續在運行著，不因爲《廣論》中的錯亂說法而被毀損絲毫，這已證明了《廣論》的說法是違背聖教也違背理證的。

所以這前生後世之間的因果聯繫，不是靠人們想像有一個「不滅的靈魂、永恆的意識」來貫串，因爲這都違背事實的眞相，也不是 佛陀已經告訴我們法界的眞實現象；這輪迴中的生死是必須靠這本來存在而不壞之第八識業田所含藏的種子來成就、來產生，而此業田不能是「假託之言」而「無有其法」，必須是「實際不壞之法」而「本然存在之法」，能夠執藏業因、承受業因、是受熏習的所熏法。這「業田」必須是實際之法，而不是緣生之法，並且是可以被菩薩們實證而加以傳授及解說的。

但是宗喀巴《廣論》中所以爲常住不壞的六識，乃是夜夜必斷、世世必滅之法，也是世世獨立而不能來往三世的生滅法，無法解釋我們現在所知道的「因果輪迴」事實，也無法擔任起這兌現實現「因果輪迴」中的染淨諸法業種的功能的角色。

意識心的虛妄性與無法事事作主的體性

二乘人所證得的菩提（覺悟）爲何不是意識心的法，而是以「意識心滅盡」來作爲正見？因爲二乘聖人信受佛語，從而瞭解意識心的虛妄性，現觀蘊處界乃是無常性，尤其意識更是緣生緣滅的體性；他們因而離開了意識心的束縛，而證得於「蘊處界苦、空、無常、無我」的解脫知見。因爲我們可以從幾個地方來觀察意識的虛妄性，也同時確定祂也不是能完全決定作主的心識：

1．當睡眠之時，並不是意識到哪裡去睡覺，而是祂已經消失不見了。

2．接下來，睡得很熟，都沒有在作夢，這時意識心中斷了。

3．當身體的疲憊消除一大半時，意識會被驅喚出生，然後開始作夢。這時好像是原有的意識心「醒過來」，其實這是重新生起的意識。

4．當一位賭徒的意識心下定決心說要改變惡習，可是直到其左手的手指頭都幾乎剁光了，還是無法戒賭，顯然這意識不是能作主的心識。

5．意識心下定決心說要開夜車溫習功課，結果晚上過沒多久，就睡著了。

6．意識心決定說：不要失眠，不然明天會沒精神，結果晚上照樣睡不著。

7．意識心決定說：我是學佛人，不要生氣起瞋，結果聽到一句話不順耳，馬上無明火出生，結果又與他人大吵一架。

這些都可以簡單說明，這意識心根本是生滅的，而且不是最終能作主的心，這樣的心識如何可作爲「一切染淨諸法的根本」？

《廣論》說大貪之後，會反轉？

許多人揭露了古今中外假藏傳佛教的喇嘛有行婬欲行，而且指出佛教的出家眾在任何境地都不能行婬！然而假藏傳佛教在被拆穿了必須性交行婬的西洋鏡之後，乾脆提出了一個奇特的「反轉法則」說法，他們荒唐的說：**越是大貪，越是能夠遠離貪慾，甚至可以證得清淨無貪的佛果！**

我們從世間法看到的則是，除了剛才所說的賭徒的例子以外，即使是身爲研究毒品的專家，對於毒品這麼瞭解，但當他想要試試毒品，試了以後還是會陷進去，還是沒有辦法脫離毒癮的。所以，貪慾是會時常引起的，越是大貪，就如同世間的人越是貪愛某些法，越是無法離開這些法的束縛，越來越是痛苦，越陷越深。因此假藏傳佛教的「反轉法則」乃是欺騙無智迷信的人，具備理性的人是不會相信這種荒唐的說法，因爲它違背事實。

當過假藏傳佛教喇嘛的秘密性奴隸的蘇格蘭的出家女尼：June Campbell，作過當時將近八十歲的卡盧仁波切的「密教無上瑜伽」的性愛工具[33]，她最後經過十幾年，才從這痛苦中走出來，一無所獲！因此揭穿了假藏傳佛教騙人的把戲，這說明白的一點是，想要把「性侵合理化」，這才是假藏傳佛教所宣傳「大貪反轉」的眞正目的！

婆須蜜多菩薩以法莊嚴來成就婬欲者的慚愧善根——破除反轉的謬論

假藏傳佛教有人便舉《華嚴經》裡的婆須蜜多菩薩的密行爲例，以爲大貪可以逆轉成就佛果，然而眞正的事實是什麼呢？首先，婆須蜜多菩薩建立了廣大殊勝莊嚴的宮殿、樓閣、林園，妙寶裝飾，如是的道場顯示無邊的威德，還有數不清的眷屬都是秉持菩薩威儀戒律莊嚴的大乘行者。婆

[33] 蘇格蘭宗教哲學家 June Campbell 寫了一本書，《Traveller in Space—In Search of Female Identity in Tibetan Buddhism》《空行母：尋找藏傳佛教中女性之定位》，內容敘述這如何變成西藏仁波切的性奴隸的經過，並且闡述整個假藏傳佛教的無上瑜伽的修行，根本就是男女裸體作愛，不是任何神聖的境地，根本是大幻想、大妄想！

須蜜多菩薩本身更是加倍莊嚴，身上放出廣大光明莊嚴、裝飾莊嚴，義理談吐莊嚴、又能演出不可思議的甚深法教，如此的道場莊嚴能攝受那些婬欲念來的行者，轉化成為清淨念，因為在這殊勝莊嚴的道場之中，沒有可以引起婬欲念的方便緣起。

婆須蜜多大菩薩又能根據眾生的根機程度，隨時現出不同莊嚴的女相，能夠讓那些本來貪癡的眾生，最後完全遠離貪愛與愚癡！不論是男眾、女眾，都會因此而感受自己婬念的污穢，如此單憑來者的善根以及婆須蜜多菩薩的甚深莊嚴威德，就能感人如此至深，無須任何加行，瞬間獲得佛門中的不可思議的三昧。即使有時遇到特貪的有緣眾生，如果還有較重婬欲的我執的執取，雖然已經淡化，但還仍有一絲對於婬欲的細微執取，當他（她）越靠近菩薩，越是自慚形穢[34]，因此婆須蜜多大菩薩以菩薩的方便憐憫攝受，以親

34《華嚴經》古來有三個譯本，所顯示的都很清楚的是菩薩殊勝莊嚴，其中有一句，是第一譯本中的「共我宿」，然而後二譯本皆無，而且此穿插之語句，顯見次第脫序。其餘所見，皆是菩薩莊嚴。其中頂多就是如西方之人之親臉頰或擁抱，如果這稱為公然婬行，那西方人幾乎從上到下都要依法起訴？然而並非如是。因此，無可簡擇有任何淫行、非梵行之處；根據《楞嚴經》的說法也是一致，不可能法界有任何一位菩薩可以透過淫行而證悟菩提，任何一位三賢十聖的菩薩也都不被允許以婬行來開悟眾生，而且婆須蜜多菩薩乃是開演大乘八識論正見，不是主張六識論的邪見。

吻臉頰或擁抱等方法來安慰攝受加持這些還有一分貪欲執取的行者，這些行者因此領受身心清涼，慚愧心的善根增上俱足，而能生起法道上的不可思議的自性清淨戒體，依此而遠離粗重的男女貪欲的束縛；乃至因緣殊勝而於第一義諦建立因緣者，便能於出入道場、見到菩薩……等一切諸行之中，便能受菩薩方便開引而悟得第八識如來藏，因此而轉依如來藏本來清淨的自性，於是斷離欲貪；這正是說明法界菩薩的教化不可思議！所以如是之中，並沒有任何淫行中的樂觸境界！絕對不是假藏傳佛教所胡謅的「反轉法則」之後所墮的欲樂大貪境界！更不是《廣論》密宗道的淫欲大貪不堪的境界！

當知婆須蜜多大菩薩是以種種不可思議的「佛道的莊嚴」：「道場莊嚴」、「眷屬莊嚴」、「教化者甚深莊嚴」——「化主莊嚴」、「演法莊嚴」、「光明莊嚴」、「變化莊嚴」來懾服攝受大眾，然而如何產生這些莊嚴，假藏傳佛教乃是聞所未聞！

貪瞋癡是道？

假藏傳佛教這群人，連黃教至尊的宗喀巴都讀不懂佛教經典的眞實義，如俗話說：「不識字，又兼沒衛生」（河洛話），因爲他們不能理解經典中所說的「眞如」的意涵[35]，以爲染污的三毒都既然是眞如，那就繼續貪、大貪，廣修雙身法的無上瑜伽，以爲這當中就是眞如實性。如是不能瞭解菩薩在修學的過程中，所證得的眞如本身乃是非有貪瞋癡的心，也非意識調伏遠離貪瞋癡之後而轉變的無貪無瞋無癡的心，而是眞如心本身就非有貪瞋癡、非離貪瞋癡[36]，然後這樣證得非貪非無貪、非瞋非無瞋、非癡非無癡，能夠實證

35《大般若波羅蜜多經》卷五一〇〈15現世間品〉：「一切相智眞如即善、不善、無記法眞如，善、不善、無記法眞如即世間、出世間法眞如，世間、出世間法眞如即有漏、無漏法眞如，有漏、無漏法眞如即有罪、無罪法眞如，有罪、無罪法眞如即雜染、清淨法眞如，雜染、清淨法眞如即有爲、無爲法眞如，有爲、無爲法眞如即三世眞如，三世眞如即三界眞如，」(CBETA, T07, no. 220, p. 604)

36《大般若波羅蜜多經》卷三〇五〈41佛母品〉：「『善現！一切如來、應、正等覺，如實知彼諸有情類貪瞋癡心如實性，非有貪瞋癡心，非離貪瞋癡心。何以故？如實性中，心、心所法尚不可得，況有有貪瞋癡心、離貪瞋癡心！』(CBETA, T06, no. 220, p. 556)

《大般若波羅蜜多經》卷三一六〈46趣智品〉：「善現！是菩薩摩訶薩調伏貪、瞋、癡性爲性，遠離貪、瞋、癡相爲相，遠離貪、瞋、癡狀爲狀，遠離貪、瞋、癡貌爲貌。復次，善現！是菩薩摩訶薩調伏貪無貪、瞋無瞋、癡無癡性爲性，遠離貪無貪、瞋無瞋、癡無癡相爲相，遠離貪無貪、瞋無瞋、癡無癡狀爲狀，遠離貪無貪、瞋無瞋、癡無癡貌爲貌。善現！若菩薩摩訶薩成就如是性、相、狀、貌，乃於如是甚深般若波羅蜜多能生信解。」(CBETA, T06, no. 220, p. 614)

《大般若波羅蜜多經》卷四〇九〈8勝軍品〉：「若菩薩摩訶薩能於般若波羅蜜多作如是學，則便漸近一切智智，如如漸近一切智智，如是如是得身清淨，得語清淨，得意清淨，得相清淨，如如獲得身、語、意、相四種清淨；如

第八識眞如心，而現觀瞭解貪瞋癡之中隱藏的實性乃是眞實與如如，而且非有貪瞋癡的心以及心所。所以　佛陀說有七眞如，其中便有「邪行眞如」、「安立眞如」，因此「一切法眞如」，一切法都不離開第八識如來藏眞如！

因此，這些都是顯示不可思議的法界實際，都是要實證而瞭解第八識阿賴耶識之後，方能於此心體之種種不變易的眞如自性相貌作簡擇，方能如實領受七眞如的體性，而眞正瞭解經典爲何說「非貪非無貪、非瞋非無瞋、非癡非無癡」！這樣的智慧哪裡是連阿賴耶識的體性都不清楚，卻執取這些雙身法婬欲中、貪愛中的意識心以及心所有法的假藏傳佛教的人所能理解的呢！

要探究「禪定能否走向眞實解脱？」之前——先瞭解如何才是世間的禪定！

是如是不生貪、瞋、癡、慢、諂、誑、慳貪、見趣、俱行之心。是菩薩摩訶薩由常不生貪等心故，畢竟不墮女人胎中，恒受化生離險惡趣，除爲利樂有情因緣。是菩薩摩訶薩從一佛土至一佛土，供養恭敬、尊重讚嘆諸佛世尊，成熟有情、嚴淨佛土，乃至證得所求無上正等菩提常不離佛。」(CBETA, T07, no. 220, p. 49)

至於說如果要實證色界法的禪定天身，實證了禪定也只是世間法，這還不是大乘的波羅蜜。而我們先說如何發起世間所謂的禪定，就拿最基礎的初禪來說，其中的關鍵就是在於必須遠離欲界的愛染以及瞋恚；當我們於貪的情境或是瞋的情境當中，產生很大的執取，這樣隨伴而生起貪瞋的心行時，身體會有覺受一起現起而取著，因此這樣欲界法的受用，就會繼續感得欲界身，從而使得自己對於這些法上產生更多的貪著和執取，最後更是變本加厲，無法捨離；這樣強烈執取欲界法的受用，便不可能證得出離欲界法的初禪功德。

如是一直相應種種欲界法的喜樂或是忿恚之法，這第八阿賴耶識如來藏便不會生出色界天身，因爲意根都是於此欲界境界之中；要等到意識心都不覺得欲界的境界有何執取，以及連對身體的粗重感受都漸次變淡，又能遠離種種妨礙禪定靜慮的掉悔、睡眠、懷疑等三蓋的煩惱，才有機會因爲心離欲界法而證得色界的初禪。

然而原本就無法捨離這粗重婬欲法的假藏傳佛教《廣論》樂空雙運境界，絕對不可能成就這「根本禪定」——初禪[37]！如果連初禪都辦不到，何況是

37 然而許多人還是不明白其中的關鍵：只要對於男相女相有細微的執取喜受，不論有無婬欲，都是不可能得證初

二禪、三禪、四禪等等更深的禪定呢！色界天中何曾有誰抱著異性呢？連男女性的差別都不存在了，哪裡還有抱著異性交合的「佛」？每位色界天人都是中性身啊！這就是遠離欲界愛的果報啊！但《廣論》密宗道卻說要觀想成就色界天身而抱著女人樂空雙運，眞是不懂三界世俗法的大妄想。

即使依照宗喀巴的層次，他想那色界天的禪定太難了，因此改換成追尋欲界天的欲界定境界時，也必須符合欲界天的天人法的道理。然而假藏傳佛教所謂的天身，卻是在強調修學「天瑜伽」的同時，是假想天人男男女女都在兩兩性交和合，在那裡作愛的，這就是他們所謂的「天瑜伽」，也就是宗喀巴所主打的「無上瑜伽灌頂」。然而宗喀巴他可曾想到說：欲界天的天人一層一層上去，是越來越清淨，化樂天人們已覺得淫欲行是「味同嚼蠟」，心不喜樂，這哪裡是宗喀巴一直耽著於「樂」、「空」的雙人雙運的「止觀」所能回過頭來瞭解的呢？

佛陀一再地強調說：出家者不能以婬欲作爲修持，一切皆不能行婬；將

禪，這樣的喜受會使得行者喜歡和異性「攀緣」，親近說說話，這都是欲界中人的細微男女親近的相貌，這樣是不可能證得色界「無有男女」的中性天身的境界，這樣的細微的攀緣都是意根的甚深執取，如果不曉得此理，天天打坐也無濟於事！即使是已經證得初禪者，若因爲回到過去的「攀緣」，就會很快失去初禪！

婬欲當作是修行的人，就是「蒸沙來煮飯」[38]！沙子再煮個百千萬億劫，還是一堆永不成飯的「沙子」！這一段精彩的解說，將留待附錄的地方，和宗喀巴的《密宗道次第廣論》的十三、十四卷的簡易解釋來作比對，看了之後，大家就可以瞭解「爲何《廣論》弘揚的假藏傳佛教不是佛教」，「爲何佛陀絕對和密教的佛、假藏傳佛教的佛一點關聯都沒有」了！

斷除「意識心爲我、爲永恆」的見解——走向小乘須陀洹初果的見地

佛世的比丘、比丘尼這些小乘聲聞出家人，聽了佛陀的教導以後，法喜充滿，當法會結束後，就信步走到樹林下、塚墓間，在這些空曠無人打擾

38《大佛頂如來密因修證了義諸菩薩萬行首楞嚴經》卷六：「阿難！云何攝心、我名爲戒？若諸世界六道眾生，其心不婬，則不隨其生死相續。汝修三昧，本出塵勞；婬心不除，塵不可出；縱有多智、禪定現前，如不斷婬必落魔道：上品魔王，中品魔民，下品魔女。彼等諸魔亦有徒眾，各各自謂成無上道；我滅度後，末法之中多此魔民，熾盛世間廣行貪婬，爲善知識，令諸眾生落愛見坑，失菩提路；汝教世人修三摩地，先斷心婬，是名如來先佛世尊第一決定清淨明誨。是故阿難！若不斷婬修禪定者，如蒸沙石欲其成飯，經百千劫，只名熱沙；何以故？此非飯本，石沙成故。汝以婬身、求佛妙果，縱得妙悟、皆是婬根，根本成婬；輪轉三途必不能出，如來涅槃何路修證？必使婬機身心俱斷，斷性亦無，於佛菩提、斯可希冀；如我此說名爲佛說，不如此說即波旬說。」(CBETA, T19, no. 945, p. 131-p. 132)

之處，來作靜靜的思惟思慮，現前觀察並且回憶過往的經歷，開始一點一滴的抽絲剝繭觀行，從「我」這個生命存在的本質開始思考：

這些構成「我」的內涵是什麼？我是什麼？什麼是我？

這些內涵是　佛陀所說的什麼？

這些內涵，其中哪一個是具備永恆的特質？

哪一個具備不滅的特質？

這些構成「我」的內涵，會產生什麼「苦」？

這些「苦」的來源，是不是因爲「我」？

這些「我」是不是　佛陀所說的「意識心」、「色身」、「五識」……？

這些「我」是由「五蘊」所構成，這樣的內涵已經觀察清楚嗎？已經清楚的見到嗎？已經清楚瞭解嗎？

修學小乘法的出家比丘、比丘尼，如是看清楚意識心的虛妄，經過縝密細微的觀察與思考，他們會發現人生的種種，皆是「現苦、後苦」的來源，以往、現在的諸行，都是「無常、變異、生滅」，這些都沒有眞正的實質，都是苦的根由，都會趨於「壞、滅、苦、空」，這些「苦」就是因爲不曉得本際的眞實面，都錯認蘊處界內的其中一法爲本際，這就是因爲「無明」，而導致這些種種的「諸行造作」，而這些造作的最大根源就是因爲有「我」，因爲虛幻地取這個「色身、心識、想、受、行」，來作爲「我」。如此慢慢觀察，深入瞭解蘊處界諸法的眞實面，如是蘊處界的種種，全然都不具備「涅槃永恆」的特質，都不是「我」，都是「非我」。

當能夠觀察的心識和所觀察的境界，都是虛幻不眞實，都不是「我」，如此對 佛陀大師再無有疑惑，一切以往所施設的種種不如理的戒禁也一起斷除；如是知見永不再動搖，斷除了身見（我見）、疑見、戒禁取見，證得了小乘的初果，而預入聖流。《廣論》卻教導假藏傳佛教信徒要反過來，要認定聲聞初果人所否定的意識生滅法，要認定意識是常住的自我，是永不壞滅的眞實我，於如是的身見等三結就牢牢地綁住學《廣論》的假藏傳佛教徒眾，永遠都無法證得聲聞初果。

我們回到佛世已經證得聲聞初果的小乘人，他開始繼續斷除我執，他瞭解這世間諸法都是一直在生滅，如此週而復始，而沒有停歇，這就是輪迴。但這其中，確實有 如來大師所說的一個出世間的眞實涅槃法，所以想要到這個永久的休歇處，就**唯有將自我的存在**（我慢）**消除，將自我「想要生存、**

想要存在、想要現起、想要出現、不想要消失」的念頭，予以徹底消滅，這樣不會再出現一個未來後世的存在。因此三界法隨著這位入無餘涅槃的小乘人一起消失，小乘人「入涅槃」成就「二乘解脫道」。《廣論》的說法則是完全違背 佛陀教導的聲聞解脫道理論與法門，連顯教中最基礎修證的聲聞初果都無法實證。

大乘法乃是修學眞實的法，是以成佛作爲標的，也是同樣要斷除這些小乘初果人所必須斷除的身見、疑見、戒禁取見，除了斷除這「世間有實際法」之外，還要親證法界實相，在菩薩還活著的時候，現下就能證得涅槃本際——眞實因如來藏；這空性如來藏，這不空如來藏，這個因果的所依心，這個法界的實相，這個眞如心體，這個萬法的根源，都在親證第八識心如來藏時就可以如實現觀，因此所證的內容與智慧，和小乘人畢竟是大異其趣。

宗喀巴所說「空性」中的斷滅見與我見

假藏傳佛教宗喀巴認爲密教「空性」的眞諦，就是進入「無我又光明、清淨」的法性之中[39]，達賴喇嘛將此「無我」的「光明法性」予以發揚光大，說成是「澄明心」，clear light[40]（有翻譯爲「明光心」、「明光」）。可是這兩人之所以爲的光明想是什麼內涵？他們以爲有光亮，在現見「光明」的當下，就是空法的光明法性。但是這根本就是妄心妄識的體性，當他們現見光明的當下，早就已經是落在意識和眼識的所行境界上，這就是落在妄識的心行上。

佛陀已經說不以五蘊爲我，不以十二處爲我，不以十八界爲我，也不以三界一切法來作爲眞實；在蘊處界等一切萬法之中，沒有「眞實的我」存在。然而宗喀巴以他所寶愛的「意識細心」，以此來抗衡 佛陀的教法；而且現在他的傳人達賴喇嘛，仍然堅持這「明光心」擁有清澈透明的境界，將明明是意識心虛妄所行的境界，當作是無上的珍寶，甚至要全面回歸性愛瑜伽（譚崔性交無上瑜伽），努力地弘揚宗喀巴祖師的性愛交媾大法：《密宗道次第廣論》。

達賴喇嘛高推生滅的意識是最究竟心，所以他乾脆誹謗說即使是 佛陀

39 宗喀巴在《菩提道次第廣論》中說：「勝解空性者，謂趣入無我光明法性，深極忍可，本來清淨。」

40 《揭開心智的奧秘》，編著：傑瑞米．海華、法蘭西斯可．瓦瑞拉，譯者：靳文穎：「意識分爲三層次：粗、細、與最細意識。如我們較早所討論過的，心智越粗糙的層次，對身體的依賴越多，越細微的依賴越少，而最細的層次則是獨立於身體之外的。我們的這種最細意識叫做明光、明光心。」頁273，1996年，眾生文化。

也無法瞭解意識的究竟本質[41]，更乾脆不管 龍樹菩薩說了什麼「不自生」，而硬要說意識可以自己出生自己[42]，意思是說，意識今晚睡著斷滅以後明天可以無中生有而再自己出生，也可以今世死後滅了而在來世無中生有自己出生，直接挑戰假藏傳佛教自己認定的祖師 龍樹菩薩所說「不自生」的聖言！對現今的達賴喇嘛來說，佛陀和 龍樹菩薩可能都已認為是過去式了；達賴喇嘛今天膽敢代表假藏傳佛教出來指責佛教的教主——佛陀，也公然講出違背自己認定為密宗極重要祖師的 龍樹菩薩法旨，這種對於「一切智者」及最重要祖師的藐視，實已暴露達賴自己的無知；他不信受 佛陀已究竟了知一切諸法，也不信受 龍樹《中論》所說諸法不自生、不共生……等正理，這也代表他全然接受宗喀巴的邪見，回到反對 佛陀的死胡同之老路。

更明白地說，達賴喇嘛不相信本師 釋迦牟尼佛是成佛了，他還是信受

41 達賴在解釋龍樹菩薩的《釋菩提心論》說：『「諸佛不獲識」，諸佛都沒有辦法找得到意識的究竟性質，也就是說諸佛去觀察意識在哪裡，也都無能獲得，這就是意識的究竟性質，所以意識本身是幻性的。』這樣根本是一派胡言！諸佛是清楚瞭解這意識就是眞如所出生的，而且具足現觀，因此意識的究竟性質，諸佛瞭若指掌！因為諸佛斷盡一切的無明，乃是一切智者，無一法不知，豈有達賴誹謗諸佛的情形。（達賴，《菩提心釋論・法界讚講記》，福智之聲，第一版第一刷，民93.5，頁86）

42 達賴・喇嘛十四世著，黃啓霖譯，《圓滿之愛》：「意識是由意識生起的。」頁次111，1991，時報文化。

印度教性力派的瑜伽士所身體力行的淫樂無上瑜伽；如同宗喀巴要大力貫徹《密宗道次第廣論》所說與九位明妃同時交媾的灌頂一樣，達賴他只相信欲愛中的大樂會讓他成佛！

佛陀說，只要破壞了「四不壞信」：信佛、信法、信僧、信聖戒的其中任何一樣，就不能稱爲是佛弟子；何況宗喀巴、達賴喇嘛於「四不壞信」全都毀犯，沒有一樣可以成就！眞是足以證明：**假藏傳佛教這喇嘛教，根本就是離經叛道的外道！會指責 佛陀的，百分之百都是凡夫！**

假藏傳佛教所傳承的密續經典，對於 佛陀的藐視更是達到學人匪夷所思、難以想像的地步，宗喀巴的二部《廣論》正是具體的代表，歷史上實在無出其右。唉！只能說信受《廣論》而追尋生滅性的意識境界爲永恆境界的愚人，而追尋一個空幻並且是下墮之無上瑜伽的人，是更爲愚癡及可憐的人！中國有位作家馬建先生，曾經寫了一本《亮出你的舌苔或空空蕩蕩》的中篇小說，其中述說西藏的若干故事；而最駭人聽聞的是其中的一個短篇〈灌頂〉，將藏女無奈地被作爲性愛工具的蹂躪表露無遺[43]。

---

43 馬建作品載於：http://blog.sina.com.tw/hpu168/article.php?pbgid=82181&entryid=594135（資料引用時間：2011年3月8日）

從日常法師尊稱達賴喇嘛來看，就知道其所創立的福智團體將來會走到哪裡；他追隨「披著袈裟、反對佛陀的外人」——跟著現今的假藏傳佛教外道而修行。這些假藏傳佛教的喇嘛們都是來毀壞佛寺的莊嚴，將佛菩薩像改成男女雙身像、將清香清水改成五種不清淨的糞尿含藏淫液的大香小香甘露[44]，將鮮花素果改成五種肉類食品，將莊嚴正直的護法改成牛鬼蛇神，將莊嚴的壁畫改成雙身的曼荼羅像。卻還以佛教的名相來包裝他的言詞，試圖瞞騙世人，在他們的內心裡，都是一個個琵琶別抱——觀想自己本尊與明妃交合修雙身法，認定 佛陀所教導的，都不如印度的無上譚崖瑜伽師。所以，這樣全面推翻 如來世尊的三轉法輪，根本原因就是因爲誤認了「意識心」，將「意識心」當作是永恆的痛苦下場！

[44] 假藏傳佛教中所指的「大香、小香」，就是上師的「大便、小便」。

第二部曲　意識境界的執取——教化篇：建立三士道取代佛道

宗喀巴以《菩提道次第廣論》來總結佛陀的一代時教，然而他卻故意忽略佛陀所證得的一切種智、唯識種智；成佛之前所要斷盡的所知障，卻被他曲解為「煩惱障的一部分」，變成了「煩惱障裡面的習氣種子」，於是宗喀巴和他率領下的《廣論》學徒們，全都不必求證眞如心如來藏了，不必追求開悟明心，也就不必打破所知障，因為這開悟對一切學佛人都太困難了，對於完全不懂佛法般若的宗喀巴而言，當然是更加困難了；所以只要把所知障合併到煩惱障中，解釋為煩惱障，他和所有假藏傳佛教法王及信徒們的困難就一次解決了，但卻不知道這樣做的結果只是掩耳盜鈴，終究還是難逃明眼人的破斥。

本來這二障是截然不同的兩者，但假藏傳佛教就是有辦法可以東拉西扯全面改造，來籠罩初機的學人，硬著頭皮也要將這體性差異這麼大的兩者，合併成為一個煩惱障，讓成佛前應斷的「所知障」憑空消失！也就是說宗喀巴一開始的如意算盤，就是將二障混同為一障，他從來沒有打算要講解佛陀的「佛道」，因為他愚癡的心靈眞的不懂什麼是佛陀所說的「所知障」！

在《菩提道次第廣論》中，宗喀巴繼承了阿底峽以六識論邪見而建立的「三士道」，以此來闡揚總結佛教，他更大剌剌地聲明他是以「聲聞地」來作為他「止觀」的重心。我們隨後將會發現，「三士道」本身具備了許多獨特的「惡見」，而且它表面上確實是側重於聲聞的二乘法，單單《瑜伽師地論》中的「聲聞地」就引用了六十二次，包括最重要的「上士道」的「止觀雙運」，也幾乎是基於擷取「聲聞地」部分文字，來暗地為未來密宗道雙身法鋪陳。又為何宗喀巴談論到應該是「大乘法」的「止觀」的時候，必須要回到小乘法的聲聞地來談呢？難道這《廣論》中的「止觀」不是「大乘止觀」？或是他誤會了佛法的「止觀」？甚或是這兩者都被他所誤會了？這些疑點，我們將會在後文一一加以釐清。

下士道——歸依的凡夫；中士道——小乘解脫法；上士道——回歸止觀？

我們先從《廣論》的「三士道」來談起，宗喀巴以爲的下士道，是應當親近善知識，應當於惡道的業果生起極度的畏懼，因此能滅除消弭種種於現法上的追求，應當思惟人身無常，進而歸依三寶，修持不共世間一般人的戒法律儀，勤修十善業道，滅除十不善業，這就是「下士道」[45]。

宗喀巴的中士道，則是闡揚二乘聲聞人的解脫道，勸令學人應當多多思惟輪迴中的過患，而心生厭離，再來觀察因爲「煩惱」以及「業」而有生死，因此應該「樂於斷除」；於「戒定慧三學」能夠產生「決定信解」，特別對於所受的「別解脫戒」，應該勤加修學[46]。

宗喀巴要大家如何進入上士道呢？學人應該要發起「大菩提心」，要聽聞

---

45 宗喀巴於《菩提道次第廣論》中說：「今當略說道之總義，謂於最初道之根本，即是親近知識道理，故於彼上當善修鍊。次於暇身，若起眞實取心要欲，彼從內策令恆修行，爲生彼故當修暇滿。次若未滅求現法心，則於後世不能發生猛利希求，故當勤修人身無常，不能久住，死後流轉惡趣道理。爾時由生眞心念畏，便能誠信三寶功德，安住皈依不共律儀學其應學。次於業果當由多門引發堅固深忍信解，是爲一切白法根本，勤修十善滅十不善，相續轉趣四力之道。如是善修下士法已……」（福智之聲，民 94.3，頁 555）

46 宗喀巴於《菩提道次第廣論》中說：「當多思惟，若總若別生死過患，總於生死令心厭捨。次觀生死從何因生，當識煩惱及業自性，發起眞實樂斷之欲，便於眞能解脫生死三學總道，能引定解，特於所受別解脫戒，當勤修學。如是善學中士法已……」（福智之聲，民 94.3，頁 555）

菩薩的廣大行，如法受持「心律儀」，要「學習六度、四攝」，寧可捨命也要防護根本罪。在修學六度中的最後二度時，應當於靜慮上引發正定，然後要生起「無我的正見」，於靜慮、般若上，分別安立「止、觀」名，最後修學「止觀」而成就上士道。這就是宗喀巴所引為傲的總結 佛陀教法的「菩提道」中的「三士道」。

混淆不清的三士道——十二有支

宗喀巴對於如是的三士道[47]，他歸納為：「思惟**惡趣**十二有支」的「流轉還滅」是為下士，更進一步來「思惟二**善趣**中十二有支」的「流轉還滅」則是為中士，最後「推想」自身曾經作過「眾生有情的母親」而因為「十二支門」的「漂流生死」苦海而「發生慈悲」，為了利益大眾，所以「願當成佛」，這個就是「上士」。

能夠思惟惡道、善道、佛道而能「流轉還滅」，這個就是宗喀巴所謂的三

[47] 宗喀巴於《菩提道次第廣論》中說：「此復是說，思惟惡趣十二有支流轉還滅為下士類。次進思惟二善趣中十二有支流轉還滅為中士類。如是比度自心，推想曾經為母有情，亦皆由其十二支門漂流生死發生慈悲，為利彼故，願當成佛，學習佛道為大士類。」（福智之聲，民 94.3，頁 186）

士道的區別。《廣論》中這些文字乃是抄襲經論而來，然而，宗喀巴所說內涵爲何？實際上到底應該如何，才是 佛陀所說的流轉還滅呢？

首先，應該要認識這「十二有支」的緣起法，這是具備「緣覺種性」根器的人，才能受用這樣十二有支緣起法的教導。因此宗喀巴的三士道將凡夫性的世俗人，一股腦兒都歸入到「十二有支的緣起法」中修學，是個相當含糊籠統的說法，也是不懂種性的愚人，其實是用來籠罩不懂佛法的一般人。否則，以剛剛來歸依佛教的人而言，如是「下士道」的人，若是問他什麼叫作「十二有支的緣起法」？結果十之八九都不曉得，這樣還說什麼「流轉、還滅」，如何還更區分爲「惡道」、「善道」、「佛道」呢？

佛陀說：人天五乘——人、天、聲聞、緣覺、佛菩薩，而此中說有三乘菩提——「聲聞、緣覺、佛」菩提，這樣就已經很清楚地說明佛道中的區分與要旨了，實在無勞宗喀巴另外花費精神剪貼經論文字來隨意編造一個新而不同的「三士道」！

根據 彌勒菩薩於《瑜伽師地論》卷六十一提出了二十四次的「下士、

中士、上士」[48]，這可能是宗喀巴繼承阿底峽創立「三士道」的靈感的來源；他藉此創新三士道來濃縮佛教的「三乘菩提」，然而 彌勒菩薩所說的「三士」卻是根據種種的法來依次遞進各各分成三士，代表種種的根器上中下品差異，哪裡是宗喀巴幾乎都解釋不清楚的三士道！

回歸印度譚崔瑜伽——徹底摧毀四不壞信—佛、法、僧、聖戒—的宗喀巴

觀察比對宗喀巴《廣論》所要說明的「上士道」所要說的是「發菩提心」，也就是說，上士道應該是「佛菩提道」。准此而言，「中士道」應該為聲聞緣覺，所以中士道應該是「二乘菩提道」，下士道則是「凡夫」。然而下士凡夫

48 舉《瑜伽師地論》卷六十一：「復依修習思惟方便，建立三人：一者、有人唯得勵力運轉思惟，二者、有人有間運轉，設得無間，要作功用方能運轉；三者、有人已得成就任運思惟。初名下士，次名中士，後名上士。又依已得修差別故，建立三人：一者、有人已得內心奢摩他定，未得增上慧法毘鉢舍那，二者、有人已得增上慧法毘鉢舍那，未得內心奢摩他定；三者、有人俱得二種。初名下士，次名中士，後名上士。又有三人：一者、有人已得有尋有伺三摩地，二者、有人已得無尋唯伺三摩地，三者、有人已得無尋無伺三摩地。初名下士，次名中士，後名上士。又依住修差別，建立三人：一者、有人住染污靜慮，二者、有人住世間清淨靜慮，三者、有人住無漏靜慮。初名下士，次名中士，後名上士。」(CBETA, T30, no. 1579, p. 643-p. 644)這中間也可以看出，彌勒菩薩的止觀繼續講到三摩地。

當生所得證的「菩提」是什麼？宗喀巴在《廣論》中如何說也有「菩提」？再者，中士道爲何沒有說明生死輪迴的根本？卻歸咎於「煩惱、業」，卻不肯斷除中士所應斷除的我見、我執、我所執等煩惱；這樣即使以「石頭壓草」天天修持，壓抑煩惱，還是必須繼續生死輪迴，無有解脫！因此，應當如 佛世尊闡明輪迴根本的事理，是因爲「薩迦耶見」——身見，將眾生認爲的「意識是我」、「色身是我」、「六識是我」的惡見予以破除，所以應該於「中士道」說身見、我見的錯誤，這才是 佛陀對於二乘人的根本教導！《廣論》中卻反而教人要認定意識是不壞的我，加強身見的繫縛與我執。

佛陀說：只要能夠斷除身見、我見，就可以依次斷除另外兩個錯誤的見解執取，就是疑見和戒禁取見，對於 如來大師的那個深層的疑惑都斷除了，全心全意接受佛語，信受「解脫道」的正理；對於當初別人所施設的戒禁見解，都能瞭解並非如實而能簡擇，予以捨棄，因爲那些戒禁之法跟「解脫道」是一點關係也沒有，譬如《廣論》密宗道所施設的三昧耶戒如是惡戒。

然而假藏傳佛教的喇嘛無法信受佛語，對 如來的聖教不肯遵循，因此他們施設「上師高於佛」的四歸依，將「上師」的地位予以提昇，凌駕於「佛」

之上。當《廣論》學者於「佛」不信的時候，就會回歸到印度外道的意識境界中，只能轉向譚崔瑜伽去尋找答案，去產生「密教的佛」；於是只能對「佛教的佛」予以公開貶抑，尋求「密教的佛」所教導的荒謬密續典籍[49]。

對於如來所教導的下士道解脫正法不信，就會去編造一個更細微的意識心，來當成是究竟永恆的實體，來當作是一切染淨諸法的根本。當於「法」不信時，對於佛教中修行清淨的僧寶，他也無法信受，因此西藏的喇嘛們雖然穿著僧衣，卻天天於大街小巷閒晃喝酒喫肉，乃至勤修男女性交的雙身法，無所謂「僧寶的清淨威儀」，如此僧俗不分——於「僧寶」不信。然而這樣顚覆佛教三寶，正是《廣論》的邪教導中所一再強調的「精進」——如是顚倒！

對於如來所制定的聖戒，他們也不會信受，因此就會自行施設非戒，

49 宗喀巴於《菩提道次第廣論》中說：「如自墮落三有苦海，眾生皆爾，應當勤修慈悲爲本，大菩提心，必令生起…次當聽聞菩薩所有諸廣大行…發生猛利樂修學欲。發此心已，當如法受行心律儀，學習六度成熟自身，學四攝等成熟有情，尤當勤猛捨命防範諸根本罪……」「次當特學最後二度，故當善巧修靜慮法引發正定。又於相續當生清淨遠離斷常二無我見，得彼見已，應住見上善知清淨修法而修，即於如是靜慮、般若，立止觀名，非離後二波羅蜜多，而爲別有。」（福智之聲，民94.3，頁555-頁556）

如雙身法的「三昧耶戒」，去實踐他所熱愛的婬欲軌則——印度的無上譚崔瑜伽，如此之人是於「聖戒」不信者；所以喇嘛們奉行二部《廣論》以後，當然會聲稱自己都是持戒清淨的，因爲假藏傳佛教的持戒清淨的定義完全不同於佛教，只要與女信徒性交時不洩出精液，或者洩出以後可以吸回膀胱中，就不算違犯三昧耶戒，就是持戒清淨的喇嘛。如是假藏傳佛教的學人，破壞「佛、法、僧、聖戒」的人，都是與佛陀無緣之人；難可度化故，一闡提種性故。

菩薩的三昧力遜色於聲聞？

在《菩提道次第廣論》中，宗喀巴認爲的定力就是「止」，所談到的智慧就是「觀」；然而從他的文字表義中，其實看不出他隱說的意思。宗喀巴《廣論》中的止與觀，眞正的意思就是在實踐男女性交無上瑜伽雙身法之中，喇嘛是應該有定力讓自己的精液不射出，這樣名爲「止」；爲了能止而可以避免漏洩白菩提（精液），所以喇嘛們要努力修習拙火、寶瓶氣等氣功，自由控制，不漏洩精液，宗喀巴認爲這就是成就上士道的「無漏法」；所謂的觀，其實就是在實踐男女性交無上瑜伽雙身法之中，透過佛母的性器官（名爲智慧手印）的和合，能夠在性高潮第四喜大樂光明的時候，自己的心專注領受快樂而如如不動，能夠安止而進行觀察第四喜中一切的樂受變化，如此名爲「觀」。而這「止觀」的修習內容都是以隱語而說，就是宗喀巴整部《菩提道次第廣論》的核心，這是日常法師所知悉的，卻是終其一生都不敢明著講解的。因此這《菩提道次第廣論》的「止觀雙運」，其實是爲了替《密宗道次第廣論》中明說的雙身法無上瑜伽鋪路，爲了引導信眾將來實踐《密宗道次第廣論》中的性交瑜伽。

在文字表面止觀的見解上，宗喀巴認爲 佛陀在《大般涅槃經》說到了菩薩和聲聞的差別，就是說菩薩的智慧力是超過聲聞，但在定力上，則是有所不及[50]。

任何一位粗通佛教的中國人，聽到宗喀巴如此孤陋寡聞又顢頇的知見，難免會噴飯！如此鄙陋的見解竟會被歷代達賴與班禪所奉行及遵循，眞的是讓我們徹底見識了西藏地區歷代達賴、班禪喇嘛的知識水平，除了瞭解西藏

---

[50] 宗喀巴於《菩提道次第廣論》中說：「大般涅槃經云：『聲聞不見如來種性，以定力強故，慧力劣故。菩薩雖見而不明顯，慧力強故，定力劣故。唯有如來遍見一切，止觀等故。』」（福智之聲，民 94.3，頁 341）

翻譯經典的水平很差，會來引用這句話的人也絕對是「超級阿斗」！請問在整個尊崇大乘佛教「家家觀世音，戶戶阿彌陀」的中國，誰會以爲小乘阿羅漢的定力超過了大乘菩薩？文殊師利菩薩、普賢菩薩、觀世音菩薩的三昧力會遜色於聲聞人嗎？「地獄不空、誓不成佛」——地藏王菩薩，祂的三昧力會遜色於任何一位聲聞人嗎？其實，即使將全宇宙的聲聞人的三昧力全部都加起來，也不及 地藏王菩薩的三昧力的無量無邊不可說不可說百千萬億分之一啊！

中土翻譯的《大般涅槃經》中，佛陀有正確的開示：十住位的菩薩初見佛性，然因爲三昧力弱，定力不如聲聞、緣覺，所以不如 佛的眼見分明，然猶勝過聲聞與緣覺的不見佛性[51]。

這就像是很會讀書的小朋友，在他的求學過程中，會經歷幼稚園、國小、國中、高中、大學、研究所一樣，菩薩固然在十住位時的定力不如聲聞緣覺，然而菩薩在**十住位**之上，也還有繼續往佛道修學的三十二位次的菩薩位：**十**

[51]《大般涅槃經》卷二十八〈23 師子吼菩薩品〉：「「善男子！十住菩薩智慧力多，三昧力少，是故不得明見佛性；聲聞緣覺三昧力多，智慧力少，以是因緣不見佛性；諸佛世尊定慧等故，明見佛性了了無礙，如觀掌中菴摩勒果。」(CBETA, T12, no. 375)而何況西藏所翻譯的經典，完全不曉得什麼是「見性」，無福理解爲何 佛陀會「見性成佛」！

行位、十迴向位、十地位，等覺位、妙覺位，三昧力的功力隨著這階位而依次第進，不可思議，勝過小乘聲聞多多矣！因此，「大乘止觀」絕非「小乘止觀」所能望其項背！

所以，宗喀巴在《菩提道次第廣論》中，僅僅止於小乘聲聞的止觀，而且是嚴重誤會小乘聲聞法而說的止觀；他於狹劣的樂空雙運止觀上安住，豈只對於菩薩甚深的智慧力、三昧力，難以理解，連聲聞道所修十八界（最主要是指意識）無常空的止觀，他都不懂，而將誤會後的止觀說成上士道；這就是他所判別的三士道，**於菩薩與聲聞的止觀優劣上，產生了致命的法見錯誤，並且是極度嚴重的法見錯誤，導致他這本《菩提道次第廣論》無可避免於荒腔走板**。

三大阿僧祇劫成佛變成了即身成佛

佛陀說菩薩要經歷幾十個階位的修學，於無生法忍的親證後，即生到如來家之後，還要經過近兩大無量數劫的修行，然後十方如來才會予以灌頂而受法王子職。假使有菩薩利根而又精進，勇猛不懈，可以化長劫入短劫，很快成佛，把別人鈍根又不精進而歷經三大無量數劫修完的三乘菩提，在快速的短劫中修完，還是一絲一毫都無有所遺漏，才能成佛；因此，化長劫入短劫的大精進利根菩薩，看似縮短了成佛的時間，也仍然要修完三乘菩提的全部，成就如來藏妙心中的一切種智以後，才能成佛。

然而即使是佛教大乘利根菩薩的精進而能夠短劫成佛，假藏傳佛教的學人則是一點都不欣羡，他們可是萬萬都無法接受的，為什麼呢？

一來、他們可不想要無量劫的修行，他們一刻也不能等，他們要的是「馬上成佛」、「即身成佛」。

二來、他們可不想修習三乘菩提深妙法道，他們需要既快速又簡單的法可以即身成佛，而三乘菩提中連最粗淺的聲聞菩提斷我見，在經典中說都需要作勇猛的四加行，如此思惟觀行精進不懈，然而假藏傳佛教的學人於過去生熏習的佛法正見很少，對於三乘菩提的義理難以接受，心中疑見不斷，當然全都無力修習，更別說是實證了；即使當他們開始實修三乘菩提，不論是哪一乘，都必須斷除我見，必須重新檢視意識與身識，確認其為生滅之法，那麼假藏傳佛教所修持的，也是最引以自豪的雙身法樂空雙運淫樂境界，就會跟著成爲生滅法，再也無法弘揚了，也無法再有理由勾引女信徒合修雙身法來享樂了，藏傳密宗就必須全面廢除而回歸佛教了。

三來、假藏傳佛教喇嘛們要的可不只是灌頂成爲法王子而已，假藏傳佛教在法義上如此辛苦的扭曲與布局，就是爲了要「即身成佛」，因此他們將《菩提道次第廣論》最後提到的「止觀」聯結到《密宗道次第廣論》的印度教譚崔瑜伽的雙人合體「灌頂」，因爲他們所要的是一灌頂就是究竟「即身成佛」！透過雙身法的修行，達到第四灌第四喜高潮的時候，那時候樂空雙運而不漏精液，那就是成就至高的無漏法，就是即身成佛。

如是遐想，不肯老實修行，無法安忍菩薩的無量劫修持聖法，無法安忍菩薩應該修習的全部佛法而另外創造新佛法，這樣的致命性的法見謬誤，就是造成這部《菩提道次第廣論》無可避免於荒腔走板！

《廣論》藏傳密宗的雙身法「止、觀」變成了禪定、般若波羅蜜？

宗喀巴認爲要說到止觀，就應該回到聲聞地來修學，他認爲 彌勒菩薩所說的《瑜伽師地論》中的「菩薩地」的「攝決擇分」中所談的「止觀」，就是在說「聲聞地」的「止觀」[52]；然而我們看到《瑜伽師地論》卷五十一的「攝決擇分」，開宗明義，便點明「菩薩法」和「聲聞法」如此不同：「阿賴耶識」不同於「意識」，如來並且先聲明這樣殊勝的第八識：「我於凡愚不開演。」如來不在凡夫和愚癡的聲聞聖人面前，開演這樣殊勝的法，因爲恐怕他們智慧微淺，又誤會阿賴耶識眞我，將會返墮常見之中而重新執取意識等生滅我，誤以爲阿賴耶識如來藏就是他們所認知的「世間我」、「意識我」[53]。所以，如來的「最深密記」之法義如此不同，如何說大乘的止觀、小乘的止觀可以相同？

再者，整部《瑜伽師地論》在「聲聞地」的「止觀」名相只使用了十四次，其餘二十八次都是出現在大乘法的講授裡面，足足多了一倍的數量的

---

52 宗喀巴於《菩提道次第廣論》中說：「又莊嚴經論及無著菩薩，於菩薩地大乘對法攝決擇分解彼意趣。又攝決擇分於止觀二法，指聲聞地，故聲聞地解釋最廣。」（福智之聲，民 94.3，頁 379）

53 《瑜伽師地論》卷五十一：「問：前說種子依，謂阿賴耶識，而未說有有之因緣廣分別義，何故不說？何緣知有廣分別義？云何應知？」
「答：由此建立，是佛世尊最深密記，是故不說。如世尊言：『阿陀那識甚深細　一切種子如瀑流　我於凡愚不開演　恐彼分別執爲我』復次，嗢拕南曰：『執受初明了　種子業身受　無心定命終　無皆不應理』」(CBETA, T30, no. 1579, p. 579)

「止觀」都不是在「聲聞地」所說。爲何宗喀巴認爲談到「止觀」時，都必需要回到「聲聞地」？

所以，我們可以瞭解，這只能說明當時宗喀巴雖然故意要讓人覺得他要銳志改革假藏傳佛教，其實他眞正的目的乃是要以改革的表相來遮掩雙身法過於浮濫的弊端，也是要爲意識境界的雙身法取得合理的空間；因爲當時假藏傳佛教其他派別廣修雙身法已經氾濫成災，這樣下去恐會禍及整個喇嘛的生態與存在，但是他既不能否定假藏傳佛教的核心修行——無上瑜伽雙身法，而他自己又很喜愛雙身法的快樂境界；因此他必須要展現出改革的樣子，先寫了《菩提道次第廣論》來建立意識爲常住不壞心，先建立意識心爲可以來往三世的結生相續心；但是暗地中卻又繼續推廣雙身法，所以他又繼續造了《密宗道次第廣論》，教授男女交合求樂的無上瑜伽雙身法。

然而爲了掩人耳目，因此他必須要把正統佛教中的法義名詞拿來包裝；但他並沒有深入瞭解佛教的經論，其實是讀不懂；又爲了符合假藏傳佛教六識論的主張，因而刻意將大乘和小乘的止觀混爲一談，執意要回到聲聞地來談「止觀」，刻意排除大乘佛菩提道中的止觀；因爲這樣就可以避開假藏傳佛教無力實證第八識的困局，就不必受困於無法實修大乘第一義諦止觀的窘境；也因爲聲聞地所談的法都是蘊處界等世間法，從不涉及法界實相心第八識如來藏；當宗喀巴以聲聞道取代佛菩提道時，假藏傳佛教就可以免除實修佛菩提道的必須性了；然後再把聲聞道的法義反轉過來演說，把 如來說的意識是生滅法的聖教反過來，堅持說意識是常住法，可以出生世世的名色而指稱爲結生相續識，然後欺瞞眾生說，他們已經修完菩提道才開始修學密宗道，所以佛教（顯教）遠不如密教。

在 佛陀時代，聲聞弟子都是在信受 佛陀開示有一個入胎識—第八識—的前提下，再來觀行蘊處界的無常、苦、空、無我等二乘四聖諦的法要。因此聲聞解脫道一向是在蘊處界等世俗法範圍中用心修證止觀；而菩薩除了對於聲聞所修蘊處界的止觀修證以外，還有對於第八識法界實相心的止觀修證。宗喀巴因爲宗本於六識論的斷滅見，否定第八識如來藏，因此他能夠觀行的部分也只有蘊處界的局部，他無法現觀法界實相心第八識，因此他不得不特別強調聲聞地的法；因爲他的能力也只能抄襲這個部分，雖然抄錯得很離譜，但是畢竟比較起來，只有這一部份的義理可以抄襲。

弘揚六識論的宗喀巴以意識爲主體，爲了要在密宗道無上瑜伽雙身法上面證得第四喜的離念靈知意識心，所以必須要抄襲《瑜伽師地論》聲聞地的止觀內容。但是宗喀巴根源於六識論，以這樣六識論基礎的法見的根本錯誤，來抄襲八識論的《瑜伽師地論》，基礎是完全牴觸的，就導致他這本《菩提道次第廣論》命中註定會荒腔走板！

《廣論》的禪定波羅蜜、般若波羅蜜退化成為斷滅空的「無我」？

在「上士道」中，宗喀巴將「禪定、般若波羅蜜」的道理，來與「世間之禪定」作個區別，因此他開始說「無我之理」，然而這還是歸屬於聲聞道，仍未涉及佛菩提道。也就是說，宗喀巴明明是要說明「上士道」的菩薩乘，可是卻說著說著，竟然整個倒轉，回過頭來說「中士道」聲聞乘中的「無我」；而且他說的中士道的無我，也違背　如來說的蘊處界無常故無我，他反而堅持識蘊中的意識是常、是眞我。他的目的就是在爲後面的密宗道鋪路，因爲假藏傳佛教的宗旨就是要以六識論雙身法性高潮中的意識一念不生，說之爲證得佛地的無我境界，號稱是比顯教佛更高的報身佛。實質上，這卻是欲界中最低下粗重的凡夫我見、身見煩惱。

然而　佛陀告訴我們：聲聞人一開始的「初果」實證，就必須要斷除我見——特別是斷除**意識常住不壞**的我見。這是二乘解脫道中最最基本的實證功德，因爲眾生在三界輪迴裡所認爲的「我」、「身」都是因爲虛妄的計度，佛陀說：**如果還取世間法**（蘊處界中任何一法）**作爲「身我」、「心我」而執爲常的人，就不是我的弟子！**

因此，不是如同宗喀巴所說等到要進入「菩薩乘」的「般若波羅蜜」的時候，才開始要來說明、要來學習對於「我見」的認識。而且宗喀巴不僅這個修證次第弄錯，連斷我見的內涵都錯得離譜。眞正的斷我見實證初果，必須在被宗喀巴列爲「中士道」的「聲聞解脫道」之際，就必須具備「無我」的正見，就必須清楚觀察到一切粗細意識都是因緣生、因緣滅的生滅心，不是眞我！但這是宗喀巴無論如何都不肯接受的，才會在《廣論》中反復不斷地強調意識是常住的眞我。

法身到底以何爲體？

宗喀巴在「上士道」認爲：瞭解了「我」、「我所」沒有自性，這樣產生決定信之後，由於修持這個義理，就能證得「法身」[54]。

然而宗喀巴認定意識常住時，已經確定他不能瞭解「我」沒有自性；當宗喀巴認定雙身法中的樂空雙運止觀即是成佛境界時，又註定他不能瞭解「我所」沒有自性；因爲意識正是沒有自性的識陰我，樂空雙運從第一喜到第四喜全都是受、想、行陰等無自性的「我所」，那麼他以聲聞法來解說的菩提道，這樣空言瞭解我與我所無自性的言語，並無任何實質的意義。即使他能夠如同二乘聖人一般瞭解「我和我所」是無有自性，也不會因此而證得法身。之所以如此，是因爲大乘法說的「法身」是不通二乘法的，不是只有「無我」、「無我所」的認知與修持，就可以說證得法身。

大乘法所說的「法身」就是指「法界實相」——第八識、阿賴耶識、眞如、涅槃本際，那是本有之法，那是每一位有情都有的如來藏，都有的第八識——阿賴耶識，不是由意識修行轉變而成的。因此要眞實觸證這如來藏，發現祂，這樣才是找到法身！此唯佛教大乘菩薩才有，乃是不共二乘聖者及

54 宗喀巴於《菩提道次第廣論》中說：「如是於我我所無少自性獲定見已，由修此義而得法身。」（福智之聲，民94.3，頁406）

外道、凡夫的。菩薩從觸證的刹那間，眞見道入內門中，因此般若實相智慧開始出生，獲得根本無分別智；之後繼續於相見道位中轉依第八識的眞如法性而行菩薩行，漸次產生後得無分別智，這都是因爲眞實觸證這個如來藏實相法的緣故。

修學假藏傳佛教的人，對於佛法似懂非懂，認爲大乘法的悟入就是「內外法不可得」、「一切法空」；然而宗喀巴根本不知道如來藏、阿賴耶識終無藏匿之理，祂本來就在，是本來之法，從來「無失」也「無可再得」，因此說「無有得失」，如來藏本身就不是內外之法，而一切內外之法都是如來藏所出生，因此依照如來藏「不可得、不可失」、「無有得失」的體性而說「一切內外法不可得」！乃至以如來藏本是空性心，無執無取，體性空寂，無作無願無相，因此說爲第一義空，而能出生一切內外諸法，因此說一切諸法本無自法之體性可言，皆是如來藏之所函藏的種子功能的現行成就，因此說「一切法都是本自空寂」、「一切法都是本自寂滅」、「一切諸法都是勝義空」。因此衆生就在這看輕了「法身」的法見的錯誤認知之下，就會讓自己對於佛道的知見產生更多的紊亂，越發不可收拾！以爲可以「永盡一切種種**我**、**我所**的執取」，以爲這就是「無諸煩惱過患」，結果又開始回頭說小乘人應該先斷除的薩迦耶見——身見[55]。如果是已經證得四禪八定的世間禪定修行者，再來走到 佛前，蒙 佛開示解脫道知見，當下斷我見，然後直接證取阿羅漢果，所以是可以先降伏我執，再回過頭來，斷除我見；然而如宗喀巴這樣假藏傳佛教的學人，因爲欲界男女的貪愛，卻永遠無法證得世間禪定，根本不可能降伏任何一分的我執，所以不可能類比佛世的世間禪定解脫而轉入小乘聲聞的阿羅漢！

宗喀巴也不可能斷除任何一分的我見，因爲他一方面執取意識爲常住法、爲眞實法，另外一方面又要以「意識無自性」來湊數支持他所熱愛的應成派斷滅見中觀，如是斷常二見同時俱足、互相顚倒違背而不自知！所以宗喀巴永遠不瞭解何謂「無我」，永遠是佛法門外的邊緣人！

至於宗喀巴所誤會的「法身」就更爲嚴重了，因爲聲聞阿羅漢雖然斷盡我見、我執，取證解脫極果，然而所證得的「無我」，根本不曾是大乘法的「法

55 宗喀巴於《菩提道次第廣論》中說：「如明顯句論云：『若諸煩惱業身作者及諸果報，此等一切皆非眞實，然如尋香城等惑諸愚夫，實非眞實現眞實相。又於此中何爲眞實，於眞實義，云何悟入耶？茲當宣說，由內外法不可得故，則於內外永盡一切種我我所執，是爲此中眞實性義。悟入眞實者，慧見無餘煩惱過，皆從薩迦耶見生，通達我爲此緣境，故瑜伽師當滅我，此等應從《入中論》求。』」（福智之聲，民 94.3，頁 406-407）

身」如來藏，宗喀巴竟然誤以此爲證得法身，那是錯得離譜了。因爲眞正的「法身」是要於大乘法中來說明，「法身」第八識如來藏就是將來佛地「常樂我淨」的「我」，因爲佛地的第八識稱爲無垢識，永不變易，種子功能以及智慧永不變易，永無分段與變易生死，有五別境心所法、善十一心所法，因此稱之爲「我」，這「法身」的甚深義理就更不是宗喀巴所能瞭解於萬一！

死灰復燃的我見，又斷又常的宗喀巴

宗喀巴他以其自鳴得意的「應成派中觀」來解說大乘的「無我」，已落入六識論的外道常見中；然而小乘的涅槃實際，又被宗喀巴扭曲成爲空幻而無有自性，於是小乘初果本應破除的薩迦耶見，又因爲他施設了「意識心是一切染淨諸法的根本」、是「結生相續識」的常住心，因此我見又死灰復燃！

宗喀巴這樣的「無我」理論是包裝著「意識心是永恆」的「常見」，而且又包藏著「否定涅槃眞常」的「斷滅見」，具備了增益執的同時又具備了損減執；如是錯亂的「應成派中觀」理論，具足「又常又斷」的矛盾，包藏著如假包換的「常恆的見解」和「斷滅的見解」，乃是屬於邊執見者，墮入凡夫眾生四顚倒見中，將「不是常」的顚倒認爲是「常」；將「眞常」的顚倒認爲是「非常」，如是顚倒顯現出宗喀巴等應成派中觀見是外道的本質！

這樣的「應成派中觀」見，本來就不是 佛陀所要說的「小乘的無我」，何況是大乘法的般若波羅蜜法所說的「無我」呢！宗喀巴從他眼中所窺視的「無我」，與 佛陀要說的「無我」教理都沒有關聯！他只是拿佛教「無我」的名相來盜用，實質內涵與 佛陀所說的三乘無我完全不同，而且正好相反。而他所以爲的「止觀成就者」，卻是依此顚倒見而說的《廣論》自己解釋的「無我」內涵；如此正見既失，如何能夠成就大小乘所說的止觀呢？

所以，我們應該瞭解 佛陀所說的聲聞、緣覺爲二乘，菩薩爲大乘，是說聲聞小乘爲下士道，緣覺中乘爲中士道，菩薩修學佛菩提爲上士道；不是宗喀巴虛妄建立的三士道，而且 佛陀開示說二乘都是 如來悲憫這些人的教化方便，最後，都是要歸於大乘！大乘就是菩薩修的佛菩提乘！就是唯一佛乘！不是於佛乘之中，再來立一個密宗！眞密是佛菩提中所證的法身第八識如來藏，是千聖都不明傳的秘密；密宗的密只是因爲見不得人而不許公開弘揚的雙身法，那只是欲界人間的閨房技藝，說穿了就沒有密可說了。

宗喀巴則像是一隻脫韁的野馬，他繼承了阿底峽異想天開而創立的「三士道」，肆無忌憚地背離了佛陀的宗旨。如是橫生枝節而創立的「上士道」的「菩薩乘」所說的「波羅蜜」，竟然只是「中士道」的「聲聞地」的小乘行者應該具備的「禪定」、「止觀」、「無我」。因此證明真正的大乘菩薩所應當修學的「禪定波羅蜜」、「般若波羅蜜」，宗喀巴隻字不識；而大乘經典所闡揚的「如來藏」、「阿賴耶識」，佛菩提道的無上心髓，又付諸闕如，對於小乘的涅槃實際自性又全盤否認，像《廣論》中這樣的「三士道」，既進不了大乘，又不契合小乘，這樣橫生枝節的「三士道」，在實證三乘菩提者眼中，顯示出極多紕漏，一旦被指認出來就進退失據，窘態盡出，如何能和佛法體性相應呢？

因此，宗喀巴在「上士道」所說的「止觀」，表面上好像是符合《瑜伽師地論》說的聲聞地，實際上，經由宗喀巴的細說解釋，不但歸到「一切法皆空、皆斷、皆滅」的斷滅見的「無法無我無一切」，而且還回歸到常見外道的意識心中，認定意識常住不壞而具足常見外道見；最後還走入印度教外道譚崔瑜伽的男女合體雙運的「止觀」。宗喀巴這個《菩提道次第廣論》正是爲了這樣駭人聽聞的密宗道「男女合體雙運止觀」作鋪路的準備！最終目的就是要推廣無上瑜伽的性交理論。

假藏傳佛教的「無我」和小乘法的「無我」

宗喀巴在「上士道」的「止觀」中，大談「無我」，長篇大論；其中特別強調在修學時，應當安住於這樣的「無我」正見之上，當作是所緣，努力憶持，耳提面命，如此名之爲「善修習」[56]。沒有成就「奢摩他」（止）之前，縱然以觀察智慧來觀察「無我」的義理，所觀將如風中殘燭，「無我」的影像並不明顯；又說，如果不安住於「無我」之上，只有「不分別」，這樣並不是「修空」[57]。

宗喀巴如是盡情在「毘缽舍那」慧觀的不散動的意識心，以及「無分別」的「奢摩他」的意識心「止」上面作文章，以爲只要有「無我」的正見來湊合這兩者，然後便能「通達實義」[58]。然而這都是在意識的所知所緣的境界

56 宗喀巴於《菩提道次第廣論》中說：「若未得無我了義正見，其身一切修行，皆未趣無我，故須先得無我正見。又此非唯了知便足，於正修時當憶其見而復觀察，於所觀義應善修習。又於無我義須二種修，謂不觀察住與觀慧思擇，非以一分便爲滿足。」（福智之聲，民94.3，頁541）

57 宗喀巴於《菩提道次第廣論》中說：「次當安住彼見之上，雙修止住及修觀察。若僅獲得如斯見解，正修之時不住於見，唯不分別亦非修空。」（福智之聲，民94.3，頁548）

58 宗喀巴於《菩提道次第廣論》中說：「故『毘缽舍那』不散動心，是從無分別奢摩他生，通達實義非從止生。譬如

上去維繫一個「不動心分別」的相貌，不曾眞的「觀行」意識我、五蘊我的生滅虛妄無常，不曾在這上面作過種種的精進加行、審諦觀察；宗喀巴不清楚眞正證入聲聞初果的止觀，斷不了我見，卻只是以自己異想天開的方式來建立假藏傳佛教格魯派的「虛幻止觀」，如此偏離了止觀的正軌，只會繼續認定「意識心我」是有自性而常住不滅的，因此他嘴巴上所說的「無我」只是一個架在空中的虛幻樓閣，一方面用來安慰他自己，另外一方面用來鼓勵他的門徒繼續樂空雙運，最後則是用來籠罩《廣論》學人！

佛陀所說聲聞地的正理則是：小乘人只要斷除了我見、身見，已經得到無我的正理正見，便得證初果須陀洹！這是由於「觀」五蘊我、意識我無常所致，然後確認無誤、心得決定而安「止」於這個所觀，這才是小乘解脫道初果人所實修的止與觀。這是在聲聞初果階段就已觀察到很清楚而不會混淆的，因爲不會有任何一位聲聞證道者到了要修學大乘的「止觀」時，再來虛妄探究如宗喀巴所說的：「無我」的「影像」是清楚、還是不清楚的狀況。會有如此「影像」的遐想者，是因爲宗喀巴完全不清楚佛教的眞諦差別：當小

燈能照色，是從前念燈火而生，非從遮風帳幔等起，燈固不動，則從幔生。若心無掉沉不平等相，住奢摩他定，次以慧觀能證眞實。」（福智之聲，民 94.3，頁 342）

乘行者在「無我」的正見產生之際，已然證得小乘初果，卻還是不懂也不瞭解大乘止觀所證的般若，因爲大乘止觀是以第八識如來藏作觀行的基礎，這更不是宗喀巴所能夠瞭解的課題！

宗喀巴不知道眞正「無我」正見之人到底是如何，因此總是幻想有一個「無我」的影像而墮入其中！這只是意識心中的想像所得的見解，不符合小乘解脫道的止觀，正是標準的我見未斷凡夫。宗喀巴完全不知道初果人已然確立「諸法本自無我」，現前觀察（觀）而心得決定（止）；初果人不會再來憶想：「我已經斷除了身見」、「我是須陀洹」，他不會重複檢驗「我是不是還有我見」，否則他就不是初果人；他不會如宗喀巴在修學不倫不類的「止觀雙運」時，還需要不斷重複提醒自己，一直來返照「無我」，保持「無我」的影像清楚！這是標準的我見未斷的凡夫，想要保持離念靈知心常住不散亂，以爲在男女婬樂中，而能不執取婬樂就是無分別，隨順遍滿全身的樂觸就是無上瑜伽灌頂大樂，以受用如是意識心的緣取專一的境界法當作是修行，以爲日日時時在這樣的境界安住，就是保任「無分別」的無上聖果，以爲如是之法即是實證佛地無我，然而這些種種的見解卻墮於常見之數！而且所有假借佛法修行的婬樂必將於後世付出慘痛的代價！

何況即使是小乘聖者眞正「通達小乘無我」時，佛陀還是在大乘法會之中，予以譴責說小乘行者是愚人，所以如何能夠從這裡的「小乘無我之法」而來推論說有宗喀巴的「上士道」的「菩薩道」中所要的佛菩提法呢？而且，這宗喀巴的「上士道」的「止觀」所描述的，都還只是解脫道最基本的初果前的觀行而已，並且錯誤甚多，不符合聲聞初果人所修的止與觀，小乘止觀尚且是誤會一場，更何況必須依止於宗喀巴所痛恨的第八識來作爲基礎的大乘止觀呢！

宗喀巴所認爲的「無我」和「空性」的義理是很狹隘的，因爲這樣偏頗的「無我」義理，使得他於「止觀」的說明上，陷入了一個嚴重法見上的義理錯誤的窘境，這造成了他在「止觀」上永遠背離 佛陀所說！

因此，他最後於《菩提道次第廣論》所申論的「止觀」就變成了「諸不像」：不是世間的禪定、也不是小乘的止觀，更非是大乘的止觀；而他心目中的「心無散亂」的「止」以及「緣取空性」之「觀」，在無有「正見」陪伴的情況下，就成爲假藏傳佛教獨樹一幟的「虛幻止觀」！

因爲假藏傳佛教的止觀乃是爲了密宗道的雙身法而準備，根本不是佛法三乘菩提的止觀，連世間禪定的初禪都無法證得，更別說是三乘菩提之一的止與觀。從他一開始認定菩薩的定力不如聲聞，就已經註定走上了錯誤的不歸路，再加上執取意識心在境界法上的「不動心」，完全漠視他所引用最多的彌勒菩薩於《瑜伽師地論》的諄諄教誨：如何精進於小乘聲聞的止觀，如何於四加行安住；這樣清楚明白的教誨，從來沒有在宗喀巴的心上留下過痕跡！

當宗喀巴遠離大乘止觀，撇開小乘止觀，執意以個人「土法煉鋼」的創舉，來開立婬樂的「無上瑜伽灌頂」的「虛幻止觀」，這關心的議題永遠是如《密宗道次第廣論》在「男女二根和合」的「止觀雙運」之中，得到更多的婬樂大樂！即使是這諸不像的「止觀」，沒有邁向密宗道的「婬樂雙運止觀」，只有停留在虛幻想，或是假藏傳佛教所詭辯的「只有觀想（性愛）傳承」，或是只有極力專一念想「無我」，這樣仍然都是種種錯誤的止觀，都必然造成這《菩提道次第廣論》的內容極度荒腔走板！註定無法脫離外道的本質，而使得這「三士道」淪為支離破碎！

因此，宗喀巴在「三士道」提出了如是令人啼笑皆非的創見：要在修行「上士道」菩薩道的觀行中，一直去觀察「中士道」的「基本」的「無我」的正見，以避免忘失；難道這不應該是他在界定的「中士道」解脫道的時候，就必須和聲聞人說清楚的正理嗎？千不該、萬不該，留到「上士道」中才姍姍來遲地說明！而且，經過上述的講解，大家應該對於宗喀巴是否如實理解大小乘止觀了然於胸：宗喀巴在小乘聲聞對於「無我」的「止觀」的觀行上，有嚴重的法見錯誤，行門更是嚴重偏離，即使不說是否要進行「男女雙身婬樂止觀」，宗喀巴也對於基本的觀行方法都不清楚，在這一個「聲聞止觀」上，不管內涵與次第都錯得離譜，再把已經弄錯的聲聞法套在大乘止觀中來說，因此才會在這部《菩提道次第廣論》中，到處脫序，成為牛頭逗馬嘴！

小乘聲聞須修學「般若波羅蜜」？

宗喀巴於《菩提道次第廣論》中，闡揚他繼承阿底峽的自創性理論——「佛教三士道」；認為龍樹菩薩所說「一切諸佛、辟支佛、聲聞所證得的解脫道」，就是依照「般若波羅蜜多」，他認為「般若波羅蜜多」是「大小乘二子之母」，他因而繼續說，單單證得了「空慧」，而猶不能判別大乘與小乘，必須以菩提心以及菩薩的廣大行來區別[59]。後代釋印順也盲從他這個邪見，

59 宗喀巴於《菩提道次第廣論》中說：【龍猛菩薩云：「諸佛辟支佛，諸聲聞定依，解脫道唯汝，決定更無餘。」此讚般若波羅蜜多，聲聞獨覺亦須依此，故說般若波羅蜜多為母，是大小乘二子之母，故證空慧，不能判別大乘小乘，以菩提心及廣大行而分判之。】（福智之聲，民 94.3，頁 206）

才會提出「凡夫的菩薩行可以成佛」的說法。

我們今天從佛教的根本教義來檢視宗喀巴，他雖然強說有「三士道」，然而他眞正的心目中，哪裡是眞的想要建立什麼三士道呢！他竟然連「小乘人不得般若波羅蜜法」的簡單的事實都不知道！菩薩摩訶薩所學的般若波羅蜜，所證得的甚深三摩地，所顯發的殊勝三昧力，都是依實證第八識如來藏而生起，也都是「不共於一切聲聞、緣覺」[60]，這也是 佛陀在二千五百年前，就預先駁斥了宗喀巴所以爲的「菩薩的三昧力會遜色於聲聞」之惡說。所以佛陀於經中明白的開示：菩薩要「超越聲聞地以及緣覺地」，就應當「修學般若波羅蜜」[61]。

佛陀一再於法會上說，聲聞緣覺小乘人沒有證得「波羅蜜」法。一般淺學的人簡單地以爲「度過生死大海、到達涅槃彼岸」就是「波羅蜜」法；那

[60]《大般若波羅蜜多經》卷四十一〈10般若行相品〉：「是菩薩摩訶薩修行般若波羅蜜多時，於一切法及般若波羅蜜多都無所取、無所執著，是名菩薩摩訶薩於一切法無所取著三摩地。此三摩地微妙殊勝廣大無量，能集無邊無礙作用，不共一切聲聞、獨覺。」(CBETA, T05, no. 220, p. 229)

[61]《大般若波羅蜜多經》卷三〈2學觀品〉：「若菩薩摩訶薩欲超聲聞及獨覺地，應學般若波羅蜜多。」(CBETA, T05, no. 220, p. 12)

我們以小乘聲聞來說，既然他瞭解五蘊我所謂的「自己」本身就是假有的，他滅掉了自己，度過了生死大海，進入了「無餘涅槃」；然而眞正說起來，「他」所函蓋構成的「一切諸法」都滅了，哪有一個「法」還留存下來，可以代表「他」來「進入」無餘涅槃呢？滅盡一切三界法的小乘聖者，入涅槃後已滅盡五蘊，連意識心都沒有，哪裡還說什麼「他」已經實證「波羅蜜」法呢？

佛菩提道的親證涅槃實際，不是如聲聞阿羅漢要滅去自己，這樣來趣入涅槃的。涅槃的「永恆、清涼、快樂、不生不滅」，即是第八識的眞實、如如；生死的「無常、煩熱、痛苦」也是來自於第八識的出生萬法種子功能的體現，這樣才能現觀法界的實相而出生了般若智慧，所以，佛陀說：「生死、涅槃不二」，生死和涅槃都是第八識眞實心所顯示出來的，這樣不度不住涅槃彼岸、隨順生死大海而能現觀眞如，眞實瞭解涅槃彼岸、生死大海，都是第八識如來藏所生所現，一切如幻如夢，這樣如實親證，而能廣度利益無邊有情，才是大乘的「波羅蜜法」！

因此，大乘人的「空慧」的根本，是建立在親證第八識法界實相上，親證佛陀的秘密心要；所以，大乘人的「空慧」和小乘人所證得的「諸法一切無常空幻」的「空慧」完全不同！而宗喀巴對此完全不能理解，卻宣稱不能以證得的「空慧」來說，不能作爲小乘人和大乘人的差別，他誤以爲大小乘所證得的「空慧」是一致的，這樣致命的根本法見錯誤，註定《菩提道次第廣論》勢必荒腔走板！

《廣論》誤解如來說的煩惱障——亦復不知所知障

在上士道中，宗喀巴快馬加鞭略說前四度波羅蜜後，就回到他眞正要闡述的「止觀」，他單純地以爲「止、觀」就是禪定波羅蜜和般若波羅蜜，又說密宗道遠勝於佛菩提道；然而他卻不能解釋：到底大乘聖位菩薩所修的波羅蜜和假藏傳佛教所修的波羅蜜，有何不同？他雖然提到過《華嚴經》的十波羅蜜，卻陷入無力解釋的窘境，只好含糊帶過；最後，我們看到他根本是直接將《華嚴經》說的不可思議的一切種智都予以捨棄，這些種種過失的根本原因，就是因爲他一輩子之中，沒有如實熏習過「波羅蜜」的正理！連最粗淺的小乘解脫道都加以錯會而一反佛說，堅持意識是常住的相續識。

宗喀巴連「八地菩薩已經斷除煩惱障的現行和習氣」都不知道，更別說他竟然還會將「所知障」誤解成為「煩惱障」的一部分！因此，佛地一切種智的深妙，對於他愚昧的心靈是無法承受的；如來的法語對他來說，實在是太深奧、太沉重了；然而急於成為大師的他，只好將佛法歸於「一切皆空」，以為這就是無上妙用，便可「不假功用」斷除二障——煩惱障、所知障，而成就解脫[62]。

如此一位終日只想要「即身成佛」的人，對於佛陀在佛經上囑咐說菩薩要修學三大阿僧祇劫的教示，是無法生起恭敬心的，也不會有任何的耐性聽得下去的！因此，宗喀巴的《廣論》只會和迥異於佛經的密續典籍相應，說得天花亂墜，煞有介事，卻連這「破除二障才能成佛」的基本教義，都能誤解成只有「斷除煩惱障」，連這最基本的成佛道理都不懂！

佛法已經有「聲聞菩提、緣覺菩提、佛菩薩菩提」的三乘菩提，在實修三乘菩提中，本就已有聲聞菩提下士道、緣覺菩提中士道、佛菩提上士道的

62 宗喀巴於《菩提道次第廣論》中說：「初如辨中邊論云：『於諸煩惱障，及以所知障，此攝一切障，盡此得解脫。』謂煩惱及所知二障，此所破事於所知有，此若無者，應一切有情不加功用而得解脫故。」（福智之聲，民 94.3，頁 457）

教法存在。因此，小乘有四果的階位，中乘有緣覺與獨覺的果位，大乘有五十二菩薩的階位，如是次第井然，不必偏勞宗喀巴妄想用心去鋪陳阿底峽所創設的一個「事上行不通，理上也說不通」的「三士道」！

不是無分別智

宗喀巴根據藏地喇嘛「蓮花戒」在「吐蕃僧諍」[63]事件回應漢地僧眾「摩訶衍」的說法，而說道：自以為「空見」堅固的勝解已經成就的人，便不需要藉由行門來繼續修持，便是誹謗本師　釋迦牟尼佛過去無量劫的因地修行，這是大邪見！

然而，宗喀巴所說的話，正好是在說自己的假藏傳佛教一意孤行於怛特羅密教邪法中，以為自己有「堅固的空見勝解」，因此對於「佛教的甚深義理行門」都不以為意，以為無須修學！正好是可以用來斥責與勉勵自己！

63 吐蕃僧諍，這件事情於西藏的歷史上，產生了一些重大的影響，其實當初這場法辯，兩位都是沒有開悟之人，都是尚未證得無生法者，西藏的蓮花戒固不待言，而教授禪宗的摩訶衍看來也是未悟凡夫一個。現代所出土的資料，對於這場辯論有更多的意思，因此勝負上，並非是西藏後來所傳的結果，因為即使是西藏的寧瑪派，也不是贊同蓮花戒的說法。

宗喀巴引述《華嚴部》經典，以諸佛相勸八地菩薩的話來作爲需要繼續修學的佐證：「聲聞獨覺也得到這『無分別』的涅槃境界；所以應當觀察如來『我身、智慧、國土、十力』等無量的功德，繼續精進」[64]。

對於否定「菩提道」根本法第八識的宗喀巴而言，他是絕對無法瞭解何謂初地菩薩的「無生法忍」的，更何況是八地菩薩的無生法忍！這「無生法忍」的成就，全是因爲地上聖位菩薩能夠親證「一切諸法」都是此「有自性」的「無生法」如來藏所現起、所出生，而能安忍隨順於「一切法無生」，因爲一切諸法都附屬於「本就無生」的如來藏妙心，而由此妙心所出生顯示，這樣「安止、安忍」於如是「現觀、親證」而生起的智慧，故說爲「無生法忍」。而宗喀巴根本不信法界中存在「有自性」的「實相」如來藏，如何能以華嚴部經典來例證自身呢！何況他哪裡會眞的想要修學 如來的十力，種種不可思議法呢！他想要的只是欲界人間最強烈的男女根的快樂罷了。

64 宗喀巴於《菩提道次第廣論》中說：【特八地位滅盡一切煩惱，安住寂滅一切戲論勝義之時，諸佛於彼作是勸云：「唯此空解不能成佛，聲聞獨覺，亦皆得此無分別故。當觀我身及智土等，此無量德，我之力等汝亦非有，故當精進。又當思惟，未能靜寂諸有情類種種煩惱之所逼惱，亦復不應棄捨此忍。」尚須修學菩薩諸行，得少三昧便生喜足，棄捨餘德，誠爲智者所輕笑處。】（福智之聲，民 94.3，頁 251）

宗喀巴又因爲誤會這「無分別」的「入無餘涅槃」法，既然聲聞緣覺也能證得，誤以爲八地菩薩和聲聞所證的涅槃相同，將此「無分別法」和佛經的第八識眞實心的「無分別法」張冠李戴[65]！又八地菩薩是由於諸佛提醒他保持大悲心，並授與「引發如來無量妙智三昧」，所以才不入涅槃；由於這重重的誤會，因而讓宗喀巴又再次陷入佛教大小乘之間只有「是否具備菩提心」的差異，如是含糊籠統，不知道大乘的「眞實涅槃」與二乘涅槃之間的差異！事實上，《廣論》的宗喀巴連二乘斷我見證初果的見地都沒有，二乘涅槃當然更不懂，又怎能區別大乘法與二乘法的差異呢？

所以，藏傳密宗學人當知　如來所說的正理：一切大小乘的「無分別法」和「涅槃」都是基於——第八阿賴耶識這「無生法」而得以究竟，並非是說「有餘涅槃」的「滅盡定」可以離開「第八識」而獨存來說「無分別」！宗喀巴落入錯解「無分別法」和「涅槃」的下場，就是當初罔顧　佛陀的聖教，

65 那爲何大乘菩薩之所以於甚深的無生法忍位，還要修學小乘法？這道理則是如同五地菩薩必須極盡並且超越凡夫的世間工巧明，七地菩薩則需極盡並且超越小乘的所斷所證：斷除煩惱障，乃至七地滿心斷盡小乘聖者所無法斷的煩惱障習氣種子，體證有餘涅槃，如此方便來教導凡夫、二乘愚人，從而導歸於大乘法。這是因爲第二大阿僧祇劫之中，必須依照無生法忍的修證見地，來圓滿凡愚一切所得所證，而後入第三大阿僧祇劫！

堅持「意識心永恆」作爲自己「生死涅槃」的所依而引生的謬見。然而這樣將「外道見」加進來胡亂拼湊的結果，所產生的假藏傳佛教獨特的「虛幻止觀」只能在世間禪定的表相上閒談磕牙，都還談不上有任何世間禪定的實證；再加上建立「斷滅性的無我」，都和大小乘法中的「無我」的眞實義理無關，如此在法見上建立「又是常見、又是斷見」的大雜燴惡見，造成決定致命性的謬誤，註定了宗喀巴於此《菩提道次第廣論》勢必荒腔走板！

《楞伽經》的宗旨——被《廣論》剔除的第八識

宗喀巴在《菩提道次第廣論》引用了許多經典文字，乍看之下，好像他很用功，很是信受佛教的大乘法；然而翻閱他所引用的大乘經典，正好證明他的「意識獨大」的思想是走上了偏鋒，和 佛陀於佛經的開示完全不同！

我們舉一個例子：比如宗喀巴在《廣論》中，引用了《聖楞伽經》[66]。這部經正是 佛陀第三轉法輪所說的正教，彰顯這實相如來藏第八識的甚深

---

66 宗喀巴在《菩提道次第廣論》引用《聖楞伽經》：「大慧！以慧推察，乃不分別自相共相，名爲一切諸法無性。」（福智之聲，民 94.3，頁 546）西藏翻譯經典的時候，有時候，會在前面加上「聖」字，因此西藏翻譯的《聖楞伽經》，就是中國三種翻譯版本的《楞伽經》。

義趣。《楞伽經》中 佛以第八識阿賴耶識敷演聖位菩薩入地時，所必須具備的智慧，將「阿賴耶識」稱名爲如來藏，闡釋如來藏離六塵的分別性、以及能生名色及三界世間的實體性，都予以和盤托出。佛陀經文明白地說：「大慧！**阿梨耶識者，名如來藏，而與無明七識共俱，如大海波常不斷絕，身俱生故；離無常過，離於我過，自性清淨。**」[67]

這就是宗喀巴所厭惡的第八阿賴耶識，是他所厭惡提到的實相；因爲佛陀說第八識是眞實，並且是自性清淨，也明說第八識如來藏是三界萬法的生因；此經典中也明白說第八識阿賴耶識又名如來藏，祂是與七轉識俱，而意識函蓋於七轉識中，七轉識又都是第八識所出生，證明第八識不是意識的細分。這都是無法證得第八識的宗喀巴所難以忍受的說法！但宗喀巴爲了取信盲從的初機學人，故意援引《楞伽經》使人誤以爲他的說法是有經典聖教根據的，然而在明眼人的眼中，其所說卻與所引的經義嚴重違背。

禪宗第二十八代祖師——達摩祖師，來到中國，就是以《楞伽經》四卷來印可禪宗裡的開悟。中國自古以來，都是以八識作爲根本佛法的心要，要

67《入楞伽經》卷七〈11佛性品〉(CBETA, T16, no. 671, p. 556,)

悟得《法華經》的「法界實相」、《華嚴經》的「一心」、《般若經》的「眞如」，都是以證悟這如來藏作爲標的，就是這第八識阿賴耶識。在《楞伽經》的經文更是直說：阿賴耶識就是法界實相如來藏，法界實相如來藏就是阿賴耶識！《解深密經》更以細說阿賴耶識心不同層面的各種「眞如」，來闡釋此法界實相，即使是《廣論》中引用最多的大論《瑜伽師地論》中，也都不曾離開法界實相——眞實的第八識而說佛法！

因此，當宗喀巴面對這樣澎湃而明舉第八識勝妙法義的大經大論，依他對於「意識心永恆才能享受淫樂」的眷戀，讓他決心走出 佛陀、佛法和佛教聖僧的光環，高舉六識論「一切世間法、出世間法」皆無「眞實的自性」的黑旗的同時，他也否定了 佛陀所說的眞正實相的存在。當宗喀巴的眼簾，一映入佛陀的經典的文字「法界實相」時，在他的腦海中，就瞬間轉換成爲「法界無實、虛妄」，這才是他所堅定信受的，因此宗喀巴他是徹底反對 佛陀！

如果像是宗喀巴所以爲的見解，連「法界實相」都是「空幻似有」，沒有眞正的「自性」，那下一刻不就可能會不見了？「實相」本身都是處於生滅變異、撲朔迷離之中，那又何須追尋？這樣完全不具備「眞實」義的「實相」，何須修學？這樣根本應該稱之爲「虛幻相」，又何須假藏傳佛教學人來瘋狂追逐呢？這種轉眼就要「分崩離析」的法，哪裡和眞實如如的眞實義的佛法有沾上任何一點邊呢？宗喀巴如此的妄見要成就的「密宗道的佛果」和本師 釋迦牟尼佛的佛法完全無關，這是繼承印度外道見裡面的「斷滅見」，所以民國初年太虛法師就大力抨擊這惡法！

印度在 佛陀示現滅度後的千年歲月裡，出家精進修行者，何止百萬！被記載下來的卻僅僅只有二十八位菩薩可以證悟這《楞伽經》禪宗心要的第八識——阿賴耶識！假藏傳佛教所公推的大修行者——龍樹菩薩也在其中，可見證悟佛法是何等的艱難！然而宗喀巴卻連 如來的唯識第一了義的經典擺在他眼前，他都尚且漫不經心地說這是「方便說」，請問：這樣的人要等到哪一個驢年時節，才能認得善知識呢？當知 龍樹菩薩的得意弟子——如來賢，大力說法弘揚第八識——阿賴耶識，這樣才是眞正紹繼 龍樹菩薩所證得的心法之舉啊！

在《菩提道次第廣論》背後——追尋密教的咒術走向成就無上瑜伽的灌頂

對於密宗藏傳假佛教中人來說，不能明白佛教的九地聖位菩薩於總持（咒）上面用功之時，這「咒」是要有法有義，辭語無礙、樂說無礙，這樣圓滿總持一切法之後，才能入十地，被十方如來所灌頂，成爲法王子。然而密教學人知道佛教的菩薩有五十二個階位，要經歷三大阿僧祇劫的漫長歲月的陶鍊，也必須修得無量無數他們所不懂的佛法；然而他們對此不能安忍、妄想一步登天，就覺得反正你們佛教最後還不是要來持咒，那不如我就直接持我們密教的「超級大總持咒」，鉤召鬼神護法[68]等等五花八門的「咒」，然

[68] 談到假藏傳佛教努力鉤召鬼神法，這參與過假藏傳佛教的法會者，當看到法會面貌兇惡的鬼神，心裡面都會嚇了一大跳，這些震懾恐怖的心理，而且不只參與的人會感覺恐怖，連要當「法王」的達賴喇嘛都會感覺恐怖，所以從第九世開始，十世、十一世、十二世的達賴喇嘛都被鬼廟的恐怖驚悚的景象嚇到，間接地導致短命夭折。連一般鬼神教都不會想要去遇到這樣的鬼神，爲何假藏傳佛教要離開慈眉善目的菩薩，而去供奉這些恐怖的鬼神，和他們來打交道呢？因爲假藏傳佛教離不開鬥爭殺戮，從可稽的證據顯示在血腥的歷史中，連西藏這些有頭有臉的大人物都不相信達賴會是大菩薩轉世，因此安排這些達賴去鬼廟，因而死亡。假藏傳佛教還傳承了「息增懷誅」的「誅殺法」來剷除異己，雖然大多是籠罩的說法而沒有效果，這可能會和眞正學佛人所念的佛法眞的一樣嗎？這樣參與藏密祈福的佛教徒，如何與佛菩薩相應？如何可以銷解惡業？參與這樣的法會與修行活動，能夠不要增加惡報，就算是萬幸了吧！

後自編自導自演而說唸誦了幾百萬遍之後，就直接超越了你們佛教九地菩薩的境界！如是夢想天開的「邪精進」而自我陶醉！

密宗藏傳假佛教的人，特別是指《廣論》的著作者宗喀巴，當他們想要蓋一〇一摩天大樓時，是直接妄想蓋最高樓層的頂樓，他們不但不需要地基，也不需要其他的樓層，而且他們所謂的「蓋」竟然還只要憑空想像即可成就，眞的是名符其實的空中樓閣；因爲他們迫不及待要接受上師雙身法的灌頂，從「初灌」到「四灌」一氣呵成，以爲這樣就是接受諸佛給予的灌頂；在他們心中是準備直接入佛地，因此大吹特吹的說雙身性交可以即身成佛！

而且更誇張的是，這密續典籍是直接鉤召十方一切 如來到受灌頂者的跟前，把 如來當作是世間鬼神來驅使召喚，以如此輕慢的「呼之即來」的態度來對待佛教的 如來，你想這會是一位眞正的學佛人嗎？所以宗喀巴還說佛道除了波羅蜜之外，還有個密咒大乘[69]，眞的是天曉得！我們只能說：「是

---

69 唐朝不空三藏，在傳播密續的說法時，已經有說「顯教」來和佛教分家，此外對於「即身成佛」的堅持，也表現於《金剛頂瑜伽金剛薩埵五祕密修行念誦儀軌》卷一：「於顯教修行者，久久經三大無數劫，然後證成無上菩提，於其中間十進九退，或至七地，以所集福德智慧，迴向聲聞緣覺道果，仍不能證無上菩提。若依毘盧遮那佛自受用

身所說內證自覺聖智法，及大普賢金剛薩埵他受用身智，則於現生遇逢曼荼羅阿闍梨，得入曼荼羅，爲具足羯磨，以普賢三摩地，引入金剛薩埵入其身中，由加持威神力故，於須臾頃，當證無量三昧耶無量陀羅尼門，以不思議法，能變易弟子俱生我執法執種子，應時集得身中一大阿僧祇劫所集福德智慧，則爲生在佛家。其人從一切如來心生，從佛口生，從佛法生，從法化生，得佛法財(法財謂三密菩提心教法)纔見曼荼羅，能須臾頃淨信，以歡喜心瞻覩故，則於阿賴耶識中，種金剛界種子，具受灌頂受職金剛名號。從此已後，受得廣大甚深不思議法，超越二乘十地，此大金剛薩埵五密瑜伽法門，於四時行住坐臥四儀之中。無間作意修習，於見聞覺知境界，人法二執悉皆平等，現生證得初地，漸次昇進。由修五密，於涅槃生死不染不著，於無邊五趣生死，廣作利樂，分身百億，遊諸趣中成就有情，令證金剛薩埵位」(CBETA, T20, no. 1125, p. 535, b23-c16) 所以這些即身成佛的論者，認爲至少可以透過雙身法就可以糊里糊塗成就第一大阿僧祇劫而生到 如來家，自己這樣實在是太好運了！是如此貶抑佛教的修學，讓那些喜歡無厘頭的騙子來作弄者，能夠中了他們的圈套，而且才剛剛初地，又馬上因爲歡喜淨信這雙身婬欲法，就受上師灌頂，至少十地菩薩，因爲又很快可以超越十地菩薩，如此一晃眼之間，即身成佛。顯然這群人對於 佛陀所宣揚的佛教，根本不瞭解，也無心戀棧眞修實證三乘菩提。《總釋陀羅尼義讚》卷一：「如上陀羅尼、眞言、密言、明義依梵文，復於顯教修多羅中稱說，或於眞言密教中說如是四稱。」(CBETA, T18, no. 902, p. 898)這是在宗喀巴提出密咒大乘之前，印度便有如此之說，以密咒大乘和「顯教」來抗衡。唐朝一行在《大毘盧遮那成佛經疏》卷一〈1 入眞言門住心品〉：「若餘乘菩薩，志求無上菩提，種種勤苦不惜身命，經無數阿僧祇劫，或有成佛或不成佛者。今此眞言門菩薩，若能不虧法則方便修行，乃至於此生中逮見無盡莊嚴加持境界，非但現前而已，若欲超昇佛地即同大日如來，亦可致也。」(CBETA, T39, no. 1796, p. 584)一行也是努力抱持著這樣即身成佛的信仰，馬上要和密教的大日如來齊肩於佛，也是馬上的事情，有智慧的學佛人，你會信受這樣粗糙的言語嗎？《金剛頂瑜伽金剛薩埵五祕密修行念誦儀軌》卷一：「金剛薩埵者是普賢菩薩，即一切如來長子，是一切如來菩提心，是一切如來祖師，是故一切如來禮敬金剛薩埵」(CBETA, T20, no. 1125, p. 538)佛佛平等，無上正等正覺故，豈有一切如來禮敬金剛薩埵，因此這些假藏傳佛教的密續僞經眞是荒唐。又有更荒唐者，如《妙法蓮華

啊！就是你幻想的密咒大乘！」

佛陀經典中所說的咒，主要不是用來驅使召喚護法鬼神；「咒」亦名「總持」，也就是用一些名言音聲來總持一一法，容易受持而不會遺忘。能具備修學「總持」（咒）資格的菩薩，是必須已經實證三乘菩提，而且亦須斷除了煩惱障的現行與習氣，並且在無生法忍的修證上，必須經歷過每一剎那就超越前一剎那修行所得的智慧的總和的不可計數倍的階段，如是修持無量劫，才有資格來修學九地菩薩之「總持」！因此，如是的菩薩都絕非是目前娑婆世

三昧祕密三摩耶經》卷一〈妙法蓮華三昧提婆達多祕密三摩耶品〉：「金剛薩埵重白佛言：娑竭羅龍王女即身成佛時，**一切眾生三魂七魄即身成佛，乃至草木即身成佛**」(CBETA, R3, p. 822,)此種說法乃是基本知見都沒有的，不僅剽竊佛法名相，連道教三魂七魄的說法也一併竊取來用，更甚者還是讓主張草木都即身成佛，眞是荒唐到極點。《如意寶珠轉輪祕密現身成佛金輪咒王經》卷一〈6阿闍梨成佛品〉：「佛說此眞言已，應時即爲遍照如來，頂戴金剛五佛寶冠，重說即身成佛大海印，亦名三昧耶印。若諸佛子欲得即身成佛，當修此觀，能使凡夫父母所生身即成佛身。」(CBETA, T19, no. 961, p. 333)《金剛頂瑜伽中發阿耨多羅三藐三菩提心論》卷一：「唯眞言法中。即身成佛故。」(CBETA, T32, no. 1665, p. 572)一行又於《大毘盧遮那成佛經疏》卷七〈2入漫荼羅具緣眞言品〉：「若更作深祕密釋者，如三重漫茶羅中五位三昧，皆是毘盧遮那祕密加持。其與相應者，皆可一生成佛，何有淺深之殊？」(CBETA, T39, no. 1796, p. 649)因此，佛教被貶抑爲顯教，就是因爲佛門四眾無有智慧所導致，寧可信受「速食」，馬上成佛，即身成佛、一生成佛，如此不肯老實之人，哪裡有清淨的善根，當然會遇到「假藏傳佛教」這一宗教騙術的籠罩，因爲假藏傳佛教的本質根本就是詐騙集團！

界末法時期的菩薩們的根器！玄奘菩薩明白這個道理，所以即使他精通梵語，他也不翻譯這些咒！何況經典中還有許多是鬼神護持的咒，這就更不是佛陀所要正說的總持之法！

當宗喀巴於《菩提道次第廣論》中別立「密咒大乘」時，他並沒有理解「咒——總持」的意涵和修學的條件；之所以最後會導致他繼承阿底峽所創立的「三士道」，而使他寫的《廣論》如此荒腔走板，就是因為無法忘情將「意識心」作為他修學的目標，以至於從《廣論》第一部曲的主張：「意識細心」永遠是作為一切染淨諸法的根本，一直到《廣論》中種種貶抑以及誤解佛道三乘菩提，原因就是他不能忍受 世尊的如實說法、如理說法。因為這樣如實如理的正說，乃是無情打擊宗喀巴他所熱愛的「意識心」，他無法接受這個事實。他絕對無法接受的是：竟然大乘菩薩所修證的菩提都是遠離他所熱愛的意識心的虛妄境界，竟然菩薩所修所證是追求實證眞心阿賴耶識的種種不可思議法！

民初高僧——喇嘛們再見！

印光法師，是二十世紀中國的淨土高僧的眞正代表人物，當年他破斥這些喇嘛喫肉的惡習不遺餘力。另外如民國初年的法師：虛雲和尚[70]，對於假藏傳佛教，也是送給他們一頓排頭！

如果當初就有像是今日達賴喇嘛直接在演說中、書籍中，掀出自己的底牌「雙修灌頂」的事情，喇嘛教勢必因為高僧的痛斥，而變成「人人喊打」的「過街老鼠」。如果是印光法師看到今日於台灣書店所呈列的達賴喇嘛書籍一再演說「雙身法」，**鐵定當場翻臉，除了痛斥「無恥下流」**、罵到達賴滿臉豆花外，鐵定會大聲呼籲全國寺院禁止讓喇嘛掛單；不但如此，還要禁止一切佛教出家比丘、比丘尼、沙彌、沙彌尼，不得前往喇嘛所居住的「僞寺院」，

70《虛雲和尚法彙——開示》，虛雲老和尚著，民國三十二年一月十七日在重慶慈雲寺開示：「阿難尊者爲衆生示現，歷劫修行，幾難免摩登伽之難。所以示罪障之中，婬爲首要，因婬損體，遂殺生補養，而盜妄等惡，亦隨之而生。阿難見了如來三十二相，如紫金光聚，對摩登伽之美色，而不愛樂。男子見了女子，或可觀想自己亦作女子，女子見了男子，或可觀想自己亦作男子，以杜妄想，自己終日思想，確可轉移心境。譬如我從前幼時在家垂辮髮，衣俗衣，終日所觸所想無非俗事，晚上做夢，無非姻親眷屬，種種俗事。後來出家所作所思，不出佛事，晚上做夢，亦不外念佛等等。至蔥蒜五辛，不可進食，爲免助長慾念，所謂除其助因，修其正性，更加精勤增進，自能漸次成就，更須自己勤奮，不可依賴他人。」一月十九日開示：「我看見很多的人，吃素半世，學密宗即吃肉，實可悲痛，完全與慈悲心違背。孟子都說：『聞其聲，不忍食其肉』，何況爲佛弟子也！取他性命，悅我心意，貪一時之口福，造無邊之罪惡，何取何捨？何輕何重！每見出家釋子吃肉的也不少，我的嘴不好，叫我講，我就無話不說，望大家共勉之。」

並當場宣佈：「西藏佛教是盜用『佛教』名義的喇嘛教，不是佛教，假藏傳佛教傳的是邪婬法，不是佛法！」並且極有可能會敦促政府相關單位查扣這些鼓勵色情性交的書籍！

時至今日二十一新世紀，現代淨土法師則是大大違背 世尊及古德的訓斥，甚至不惜爲假藏傳佛教來張眼，如此說到：「密宗的戒律最嚴格，殺盜淫妄樣樣好像是在作，但是心地清淨無染，所以成就最殊勝」[71]，以如此一知半解、毫無廉恥的話，來替藏密背書，佛門眞可說是「**江河日下、人心敗壞**」！

連弘揚淨土的「法師」都會如此「變質」，眞是「**阿彌陀佛**」！會如此說的人，最可能的原因，就是過去世曾於戒律上有大問題的人，又不肯眞正在佛前懺悔，因此連最根本的五戒，都可以瞎說！未來如何能逃離瞎眼報！因爲今生瞎人眼目，這樣惡說法的書籍流傳甚廣，未來窮盡劫至於劫，要受如是瞎眼之報，眞是可悲可憫！「阿彌陀佛」！

---

71 根據這法師的某一本書籍《學佛答問》（答香港參學同修之二十八）問：「現代青少年喜好電動遊戲，這些遊戲內容許多都是教人殺盜淫妄，請問這種情況怎麼辦？」答：「這個問題問得好，這是當今社會上最嚴重的問題，把人都教壞了。……」也就是說這位法師認爲假藏傳佛教的殺盜淫妄都沒有關係，但是只要是其他的人或是遊戲是殺盜淫妄，就是會把人教壞了！如此自相矛盾！這樣除了稱之爲迷信之外，就是不淨說法，這都是瞎人眼目的惡報！

要是讓印光法師知道有這樣「爲虎作倀」的「淨土法師」，肯定痛斥其玷辱佛門，若是在其門下，定依古制，加以痛懲；若是尙且不知悔改，必定當場銷毀度牒、褫奪僧衣，趕出寺院！因爲如此鼓勵邪淫的仿冒佛教，下一世連作人的資格都沒有，哪裡還能往生淨土呢？所以如此勒令還俗，各憑造化！若還尙有一絲善根，自會禮懺諸佛菩薩，得免未來無窮苦果！而**眞正的高僧不會因爲**西藏喇嘛「來者是客」，不會因爲有「諾貝爾和平獎」的世間虛名，就與對方虛僞相對；印光法師這樣不會鄉愿、不會只有自掃門前雪的處事風格，這才是中國高僧在此娑婆世界的風範！

再者，現在連一般民眾都已經慢慢覺醒：喇嘛是來台灣騙財騙色的！結果竟然佛教寺院，從南到北的「大」法師們都還假裝不清楚，還在努力巴結藏密喇嘛！如果是讓印光法師知道，佛門中有這樣的敗家子，鐵定痛罵：「你們是執迷不悟？還是喪失天良？」

如來於經典上說：這樣「破壞如來的律儀戒律，私下進行貪欲」，喜歡說「男女二根行婬，就是菩提涅槃眞正出生法身慧命之處」，有「無知的人相信這樣污穢的言詞，教導弟子，最後都會一起落入到無間獄！」[72]

目前在台灣教授教導《廣論》的這群人，包括佛光山道場的出家人，毫不顧念 如來的告誡，在明知宗喀巴在《密宗道次第廣論》搖身一變，成爲**舉世聞名的色情 10P 的巨擘大師**[73]的情況下，在明知《菩提道次第廣論》是施設種種方便，想要誘導學人將來進入密宗道雙身法的情況下，仍然任由派下的各寺院來教導大眾閱讀《菩提道次第廣論》，成就八識心田之中將來受持修學《密宗道次第廣論》的惡因種子，如是將來的果報堪憂！其中許多的出家僧尼，明知如此不妥，卻也不願離開佛光山，執意在這樣的寺院裡安單；縱然個人不學也不修《廣論》，但在這樣的破法壞戒的寺院中出家安住，不也是助長邪法的勢力嗎？將來捨報如何面對 如來世尊？未來又將如何承受共業？

72《大佛頂如來密因修證了義諸菩薩萬行首楞嚴經》卷九：「「破佛律儀、潛行貪欲，口中好言：『眼耳鼻舌皆爲淨土，男女二根即是菩提涅槃眞處。』彼無知者，信是穢言，此名蠱毒魘勝惡鬼年老成魔惱亂是人。厭足心生，去彼人體；弟子與師俱陷王難；汝當先覺，不入輪迴；迷惑不知，墮無間獄。」(CBETA, T19, no. 945, p. 150)

73 所謂的色情 10P，是說宗喀巴、達賴等等，都是必須服膺《時輪本續》的灌頂，一日之內，和九位到十位女子性交作愛，而不能洩精，這樣名之爲假藏傳佛教的「灌頂」。

包括新竹鳳山寺的福智團體、支持福智團體的店面、機構、學校、單位、政府，其他的小道場如靈鷲山等，都公然爲二種《廣論》這婬欲法助威推廣；而「現代版」的「淨土法師」不三不四的言論，其實都是不信受　如來的教誨，這樣可以作爲學佛人的榜樣嗎？阿彌陀佛！願大家信受　如來的眞實語句，不要輕視　如來，不要以爲　如來所說的咐囑都是虛言！

第三部曲　意識境界的終曲

——實踐篇：雙人行婬的止觀雙運

因地不真，果招紆曲——「本初佛」Adi-Buddha

密宗藏傳假佛教所最引以為傲的本初佛 Adi-Buddha，就是其妄想所自創的世界宇宙第一尊佛；而假藏傳佛教這個本初佛本身就是修男女雙身婬欲法，時時刻刻都有個「佛母」在他的懷抱中性交。中國的河洛古話：「阿里不達」，就是在指說 Adi-Buddha，直說這樣的「佛」根本就是「不三不四」！這句俚語，現今仍在台灣一直被使用著[74]。當我們瞭解了所有諸佛都是一切平等、身心無不清淨，如是對佛有了少分正確的知見之後，自然知道這假藏

74 台灣俚語是「嚴父母生阿里不達」，這個是經由中原河洛地區流傳過來，當初說河洛話的先民逃難到閩南，後來又度過黑水溝（台灣海峽）而在台灣落地生根，因此這句俚語也跟著流傳過來。這句話的原意只有學佛人才能理解，表面的意思是說為何這樣嚴厲的父母會出生這不像樣的孩子呢？而真正意思是這樣戒律嚴謹的佛教為何會出現這密教（假藏傳佛教）無可救藥的子孫呢？欸！為何會有這樣抱著女人亂來的「阿里不達」呢？而「阿里不達」在中國驚人的流傳，大家幾乎都瞭解它是不三不四的意思！這樣不免說是奇蹟吧，也讓我們看到先民對於假藏傳佛教真的是「搖頭三歎」，哪裡會像是今日一窩蜂的來抱著喇嘛的大腿呢？真的是時代變了！

傳佛教密宗的「超佛」根本就是鬼扯，根本是未離欲界大貪、狂貪的淪墮者，連欲界都脫離不了，還有可能成爲初果人嗎？當然更不可能成爲阿羅漢或開悟的菩薩乃至成佛。這樣的修行者和主張「性命雙修」的婬欲外道是同一個鼻孔出氣，哪裡有這樣的佛！

中國人素來以「謙沖包容」、「來者是客」而聞名於世，面對假藏傳佛教傳承的本初佛時，講話還會這麼直接而且犀利的斥責爲「阿里不達」，可見中國古人在當時對於密宗的行徑和污衊　佛陀的種種作法，眞的是達到了難以忍受的極點！如今台灣人只有在責備他人索隱行怪、行徑太過於荒唐時，才會使用這句話。

假藏傳佛教的《廣論》學人進入佛教的殿堂裡面，四處東看、西瞧，可是都瞧不上眼，看不太順眼，因此繞了一個大圈子以後，他還是最喜歡他原本「密教的印度譚崔瑜伽術」的黃澄澄的臭糞，對他來說，這糞土珍貴的程度，遠遠超過佛教的七寶殿堂！

假藏傳佛教在修學上，承襲密教的超高速修行（實則超高速下墮三惡道），因此有自己獨創的超級如來、超級總持、超級灌頂、超級上師。所謂的超級如來，這就是密教的「超佛」：阿里不達，就是「佛上之佛」。然而原本在佛教中的一切所有久遠的諸佛都是無所不知的，但在密教的密續經典裡，佛教的一切諸佛如來都被降格成爲不究竟了知一切諸法；而且假藏傳佛教所中意的荒唐妄想是：眞正佛教的佛對於密教「超佛」的「古怪大樂之法」完全都不了知，這就是宗喀巴在二部《廣論》中要告訴學人的意涵。

自以爲密教的「超佛」從來不跟佛教的諸佛如來有任何的「平等」，自以爲他是「佛上之佛」，是佛教諸佛之上的「密教的太上佛」。然而發揚光大這 Adi-Buddha「不三不四佛」作爲信仰圭臬的假藏傳佛教，也發展出西藏的精簡版《密宗道次第廣論》灌頂，來弘揚這「不三不四佛」的超級婬欲雙人雙運止觀！而《菩提道次第廣論》是接引大眾進入不三不四佛的超級淫樂境界的方便入門書。

假藏傳佛教的「金剛亥母」奇譚——結合豬頭畜生的空行母夜叉

密教的超佛懷中抱有一位明妃佛母——「金剛亥母」，「亥」在中國十二生肖裡面，是指豬，所以「亥母」以中國古老的河洛話來說，就是「豬母」，是用來形容骯髒、污穢的。而假藏傳佛教所供奉的「金剛亥母」，也正是一隻「豬母」（唐卡圖片中也確實是多長了一個豬頭）！

這位骯髒的金剛亥母，又是假藏傳佛教所說的「空行母」，其實就是佛經所說的「夜叉」，鬼道的女眾，就是河洛話說的「**母夜叉**」，形容這女性的夜叉是極度兇惡、專吃人肉！當假藏傳佛教口口聲聲說要修行「天瑜伽」，並不是去找天人，卻是要來找畜牲道的豬母與鬼道的豬頭母夜叉，兩者合體來合修男女性交追求婬欲享樂！假藏傳佛教是連「六道輪迴」都不懂，還是不曉得「空行母」夜叉是屬於羅刹眾生？

當然對於密教、藏傳假佛教這麼喜歡河洛話的「豬頭」、「豬母」、「母夜叉」，我們也只能在瞠目結舌之餘，兩手一攤，表示無可奈何，反正他們愛死了婬欲，只要能獲得感官快樂，和誰上床都可以！就算是「豬頭」、「豬母」、「母夜叉」也無所謂。本來當 佛陀三申五令地告誡大眾不可以和畜生女、鬼女來婬欲作愛，接受 佛陀的清淨教誨以後，我們心想：怎麼可能會有愚人來和這些眾生行婬欲而失去人類原有的「格」？至少也要找個是人的對象吧？

然而今日我們終於瞭解，居然眞的有「密教佛」心心念念找個「豬頭」、「豬母」、「母夜叉」來行淫作愛性交，眞的是有這樣藏密中人會符合 佛陀的譴責，爲了修假藏傳佛教無上瑜伽，會如此喜樂於和畜生、鬼女來作愛；他們只要作愛的對象有雌性的陰部就行！讓我們眞正見識到假藏傳佛教喇嘛們性飢渴程度的無上，這就是假藏傳佛教的「無上瑜伽」不斷教導與熏習而產生的結果。眞的是令人匪夷所思！眞的是令人嘆爲觀止！

而且，這位「金剛亥母」同時結合了「畜生」與「鬼道」兩道於一身，這樣的行婬眞的算是人類下劣文明的「奇葩」、「異數」，用「變態」都還難以形容！這樣的愚癡行婬法眞是無人能出其上，所以他們還眞的是「無上瑜伽」——與邪淫無上相應。有智者可以思考以下的問題：

如果每個人都要成佛，可是那位「佛母」爲何不想要成佛？

那位「明妃」要不要成佛？

這些「空行母」要不要成佛？

如果說成爲「佛母」就好，爲何不要成爲「佛父」？

如果她們也要成佛，要不要「女轉男身」，去找「他的明妃」？

當她們轉成男身，這位「阿里不達」佛要重新找另外一位佛母？還是這位「阿里不達」佛有斷袖癖，是同性戀？如果佛母一直在變動，這和究竟果地佛法的覺悟有何關係？變成了有無量多的「佛母」，都要來和「阿里不達」佛來上床？佛果是法身佛，無形無相，請問祂的無形無相的佛母是誰？佛可以變化爲男女身，請問什麼時候，Adi-buddha 會變成佛母？請問這本初佛變成佛母相之後，她的佛父是誰？兩根互入的佛——在無量無邊世界中去哪裡找得到？

從假藏傳佛教一開始，就是將這樣婬欲的信仰根深柢固地讓迷信者接受，因此從來不會去思惟說到底這樣合不合理？《廣論》正是要使人這樣迷信。

有人遠離婬慾，連對治婬欲的念頭都不存在，請問他要抱誰？他後來證得初禪法，已然清淨離欲，哪裡還要抱誰？他往生初禪天的色界都是中性身，沒有男女根，請問要抱誰？

他怎麼找，也找不到哪裡有個色界身的人還要抱來抱去？凡夫的人法界、天人法界都是如此了，何況是四聖法界？聲聞法界的三果人，都至少證得色界的初禪，誰還要抱異性？緣覺果有「辟支佛」，都遠離婬欲，修有神通，還要來抱誰？菩薩法界的三地滿心菩薩，四禪八定具足，哪一位要抱女人？修持更超越的佛，老早就超越了男女相，哪一尊佛還會有佛母？密宗的佛成就了以後，比起這一切人、天人的修行還要差？爲何還有這樣一直想要抱著女人的「佛」？這是什麼「佛」？還會因爲婬欲而導致男根勃起，最後兩根互入婬行，這是什麼「佛」？

因此密教的密續經典裡，會出現許多光怪陸離的難解問題：

「佛與佛不會相等」？

「一切諸佛都不知道雙身密法」？

「一切諸佛成佛之後，還要密教佛來給祂們開示」？

「密教佛是一切諸佛之上」？

「一切諸佛要密教佛教導之後，才會恍然大悟」？

「一切諸佛都不是一切種智、一切智成就」？

「唯有密教佛才是無所不知，為何卻連開悟明心都不懂」？

「一切諸佛所說的都是大妄語，因為祂們不是一切知，不是一切智」？

「一切諸佛不知道要淫慾才能夠成為密教佛，一切諸佛必須去找佛母，才能享受大樂」？

如是狂亂的密續喜歡寫到哪裡，就寫到哪裡！

一個人轉變為兩個人一起修行的奧義——對修？裸修？性交修？

兩部《廣論》實際上是以連貫性，前後貫串在一起的，因此《菩提道次第廣論》所預先談到的「一人、雙修」裡面所「隱含的」這兩種止觀，說到有一個人單獨修的止觀，以及兩個人一起合修的止觀，不知內情的學人聽起來雖然覺得怪怪的，怎麼思索也想不到會是男女性交的樂空雙運法；因為單學《廣論》的三士道而沒有上師明說最後二章止觀密意的人，再怎樣都不相信《菩提道次第廣論》也在教人修學密宗樂空雙運性交的法義。然而，實際上，《廣論》中這樣一人修與二人合修的命題，對於一直熱衷於男女雙修的假藏傳佛教信徒，一讀就會「豁然開朗」：這就是宗喀巴所認爲的眞實的「密宗道」。

《密宗道次第廣論》所要闡釋的「奧義」——「**樂空雙運**」、「**止觀雙運**」，就以密語明說：究竟修學《廣論》的實體操作，就是這兩個人同在一起的兩兩交合的止觀雙運，才是假藏傳佛教要的眞正的灌頂！因此從假藏傳佛教本初佛的男女雙身相，到勝樂金剛、時輪金剛、大威德金剛……無邊的性交金剛明妃雙身像，都是這兩部《廣論》實踐的最佳圖騰。

宗喀巴《菩提道次第廣論》原文隱晦，都是用暗語來表示，若沒有先讀《密宗道次第廣論》，根本不能知道宗喀巴《菩提道次第廣論》推廣密宗道婬慾的宗旨；所以這些「廣論研習班」（福智廣論研習班、電視佛光山弘揚《廣論》的節目、佛光山各地有傳揚《廣論》的分支道場、佛光山爲各地有心研究《廣論》所開的各個梯次的課程、靈鷲山所弘傳的婬欲課程、佛陀教育基金會的《廣論》課程）如果不是故意隱瞞，就是不能正解宗喀巴《廣論》的原意！

宗喀巴說[75]：「所謂在佛教的大小乘經典，以及密教的密續經典和密咒之中，你可見到兩邊教義有眾多說法相異，然而這是因爲佛教和密教在開緣與遮止上的不同。」

「若是以一人修行，還是兩人男女雙修這二件事情來談論，這樣來尋求無量無邊的經論密意的時候，諸等佛教學人無有智慧明妃配合共修，他們不懂得雙身法的婬欲的妙處，不知道他們的本師釋迦牟尼佛遠遠不及我們藏傳佛教的上床雙修婬欲的阿里不達。」

「雖然他們覺得這是惡法，相違背佛陀的清淨教誨；然而我們藏傳佛教的雙修婬欲法的根源，就是譚崔密續，本不同於佛教，因此，諸位智者可以盡情受用弟子的妻子、姊妹、子女，徹底瞭解雙修之妙處。」

「因此不論我們歷代有多少位法王、喇嘛遭受梅毒、性病[76]、愛滋病[77]，

75 宗喀巴於《菩提道次第廣論》中說：「謂大小乘及經咒中，見有眾多開遮不同，若以一人、雙修二事，尋求無邊經論密意時，諸愚無慧雖覺相違，然諸智者實見無違，亦是慧之所作。」（福智之聲，民 94.3，頁 325）

76 當民初時，馮玉祥走訪蒙古，看到當地的喇嘛性好漁色，於婬欲法貪愛不能遮止，其中有「法王」因爲得到性病，因此爛塌了鼻子。見於《馮玉祥將軍自傳》：「……事實上形成一個亂交的社會。同時男女衛生都不講究，染上淋病、梅毒以後，唯有聽其自然。當時活佛即患梅毒，爛塌了鼻子。」目前有世界知識出版社，《馮玉祥自傳——我

也都眞**實見**到這婬欲法的眞樂，與譚崔無上瑜伽**無**有**違**背。這能愛所愛，能婬所婬的性交大法，**亦**都**是**我們譚崔密教、藏傳佛教的智**慧之所作**的；也是要靠與實體智慧明妃合修共作的修法。」

「儘量去譚崔性愛交合吧！聰明的**智者**們，應當**實見**這婬欲法**無**有**違**背譚崔性交的正理，這**亦是**智**慧**明妃**之所作**的悲智雙運和合，一定要與女人合修，不要違背三昧耶戒而停止淫樂，千萬保持『樂空雙運』的『大樂光明』啊！」

密宗臨幸幼童與女性眾乃至畜生女，是印度古代秘密瑜伽的惡習

宗喀巴在《菩提道次第廣論》要信徒先熏習將「**妻子**」供養出來的教義，至於最後到底是怎麼一回事？就要等修到《密宗道次第廣論》才能瞭解，原來女性都是要來給上師提供「性服務」，作「男女雙修」的「大供養」！當喇嘛上師「性」致勃勃，婬根勃起而與信眾的妻子「兩根互入」，不論他洩

的生活》，1974，頁556，》，三卷。

77 洛杉磯時報，一九八九年三月三日報導喇嘛上師搞出愛滋病，全文資料來源：http://www.american-buddha.com/sect.alarmed.htm

精不洩精，這和一頭發情的禽獸有何區別？密宗信徒這樣將妻子供養出來的下場是什麼？家庭還能夠不破碎嗎？在大乘法中，如果妻子身體羸弱不堪作務，就需予以照顧，哪裡可作爲供養喇嘛上師性服務的供品！何況是假藏傳佛教如此下流不堪的「性虐待」！而且，如果眞要說布施女人是要來性愛，根本是施者、受施者都沒有福德，這是 佛陀的教誨，明載於律典[78]，會這樣將妻女提供給假藏傳佛教上師作「性供養」的人，反而是有大惡業！

印度的古老習俗是女子出嫁還要送上聘金，對於許多貧窮人家來說，女童反而是燙手山芋，所以很早就將小女孩嫁人，這在印度、孟加拉這些國家是司空見慣的。**當年英國人佔領印度時，就發現有許多「慘絕人寰」的事情：許多十二歲就出嫁的女童，在新婚不久就死亡，或下體受傷無法站立，這都是印度譚崔性愛瑜伽令人髮指的惡習**[79]**所導致的。時至二十一世紀今天，這**

78《十誦律》卷五十：「有五種施無福——施女人、施戲具、施畫男女合像、施酒、施非法語，是名五無福施。」(CBETA, T23, no. 1435, p. 363)

79 http://www.hudong.com/wiki/%E5%84%BF%E7%AB%A5%E6%96%B0%E5%A8%98 這個網站介紹了許多國家的兒童新娘的陋習，其中被說最多的是印度，許多的小女孩很早就結婚，也很早被虐待。http://cat13333.blogspot.com/2010/11/kinderbraute.html 則說到了國外的研究學者，說明了主文所寫的事情。

樣婬欲幼童的惡習在印度還是到處可見！

同樣地，當我們看到住在印度相鄰的西藏「大宗師」，宗喀巴的說法：藏傳佛教的弟子必須準備幾名年滿十二歲或是十六歲的女子，如果不足，自己的子女、姊妹，甚至自己的妻子都可以算上一份，全都必須供給上師來進行男女無上瑜伽雙修。作這樣的供養，這位弟子才能夠得到甘露灌頂法[80]。

當一個人根據宗喀巴《菩提道次第廣論》的教導，進入密宗道而依於《密宗道次第廣論》的印度瑜伽術來性交女童時，能夠「不洩精」，代表他已經「成就佛果」。而他成佛的當下，這可憐受虐的女童，也得到他的性愛「加持」，成爲「佛母」！所以這樣和未成年女童的荒謬交婬，正是中國倫理道德所唾棄！這樣令人髮指的惡行，永遠只有存在於未受儒家文明熏陶的野人邊陲地帶之中！甚至宗喀巴還可以無恥地要求他的信眾提供自身的妻女姊妹來供給他婬樂！如是下流可恥的「無上瑜伽」的《廣論》，只有愚人才會傾寺院之力來弘傳！像這樣的西藏喇嘛的寺院，您還能相信他們眞的是佛教寺院嗎？

---

80 宗喀巴在密宗的無上瑜伽大灌頂中說，《密宗道次第廣論》：「弟子勝解師爲金剛薩埵，以具足三昧耶之智慧母，生處無壞，年滿十二等之童女，奉獻師長。如〈大印空點〉第二云：『賢首纖長目，容貌妙莊嚴，十二或十六，難得可二十，廿上爲餘印，令悉地遠離，姊妹或自女，或妻奉師長。』」（文殊出版社，民 77，頁 302-303）

違背清淨戒律 也違背 佛陀的囑咐作「男女苟合」之像

佛教很早就有嚴格的戒律來規範男女的婬欲，如是戒律也很早就流傳到中國，比如在《十分律》，佛陀明白告誡大眾不可以在寺院、牆壁上以「男女苟合像」[81]來裝飾，其餘的莊嚴畫像都可以。同樣的，布施這男女苟合的畫像，就是今日假藏傳佛教的雙身像唐卡、曼荼羅，完全無有福德[82]，也可以說，這是有大惡報！如是將「男女交媾」的畫像供奉在佛寺，這尚且都是大惡業，更何況親自在佛殿上作「男女交合」的苟且行婬的事情呢！

佛的三身清淨

佛的三身：法身、報身、應化身，都是遠離男女慾望，法身佛 毘盧遮那佛，報身佛 盧舍那佛，都是中性身，哪裡還會有男女相？哪裡還會有摟抱女子、明妃、佛母的性交相？哪裡會有行婬欲法的佛？應身佛本師 釋迦

81《十誦律》卷四十八：【「佛聽我畫柱塔上者善？」佛言：「除男女合像，餘者聽作。」】(CBETA, T23, no. 1435, p. 352)

82《十誦律》卷五十：「有五種施無福——施女人、施戲具、施畫男女合像、施酒、施非法語，是名五無福施。」(CBETA, T23, no. 1435, p. 363, b22-24)

牟尼佛則沒有行過任何的欲事，出生佛子羅睺羅的耶輸陀羅[83]也都是清淨的大菩薩在出家前的示現。所以，妃子、兒子都是菩薩摩訶薩，**這些示現**　**佛**

[83]《大方廣如來不思議境界經》卷一：「復有**無量千億菩薩，現聲聞形**，亦來會坐。其名曰：舍利弗、大目揵連、須菩提、羅睺羅、阿若憍陳如、摩訶迦葉、優波離、阿那律、離婆多、阿難、提婆達多、跋難陀等，而為上首，皆已久修六波羅蜜，近佛菩提，為化眾生，於雜染土，現聲聞形。復有無量千比丘尼，摩訶波闍波提，而為上首，**皆已成就大丈夫業，為欲調伏下劣眾生，故現女身**。復有無量釋、梵、護世、天龍、夜叉、乾闥婆、阿脩羅、迦樓羅、緊那羅、摩睺羅伽、人、非人等，此中皆是**大菩薩眾，無凡夫**者。」(CBETA, T10,no. 301,p. 909)

《大薩遮尼乾子所說經》卷一〈1序品〉：「如是眾妙莊嚴園中，與大比丘眾七十二百千萬等諸大眾俱，其名曰：慧命舍利弗、大目揵連、摩訶迦葉、阿㝹樓陀、須菩提、摩訶迦栴延、摩訶劫賓那、離波多、難陀、那提迦葉、伽耶迦葉、富樓那彌多羅尼子、憍範波提、般他迦、周羅般他迦、陀驃摩羅子、佉陀林純陀、摩訶拘絺羅、羅睺羅、慧命阿難等，七十二百千萬億諸大眾中而為上首。一切皆修如實法界境界諸行，一切皆入法界實性，一切皆得無障無礙虛空境界殊勝妙行，一切皆得無所著行，**一切皆離煩惱諸垢一切結使**，一切皆入如來法性光明照處，一切皆證同一法性平等大慧，**一切皆得現諸如來一切智門，一切皆得常不休息大菩提道，一切皆得轉不退轉大菩提心，一切皆到第一彼岸般若智見，一切皆得究竟彼岸方便智慧**。復有摩訶波闍波提比丘尼、耶輸陀羅比丘尼等八千比丘尼，於百千萬億比丘尼中而為上首。一切皆悉具足善集諸妙白法，一切善入一切智道，**一切皆近一切智智**，一切皆入無所有性，一切能觀諸法無相，一切善信法際無際，一切皆得無障解脫，一切皆得隨諸有緣，可化眾生示佛色身。」(CBETA, T09, no. 272, p. 317)從經典可知，本師 釋迦牟尼佛成佛之座下的這些大比丘、大比丘尼絕非等閒，一個個都是「證得不退轉地的大菩提心」，都能「轉不退轉大菩提道」、具足「究竟彼岸的方便智慧」、「都可現諸如來的一切智門」，都是大菩薩，沒有任何一位是到了聽聞 釋迦牟尼佛說法之後，才證得如上之不可思議的境界；如是與會的大比丘、大比丘尼們都是大菩薩，全部都是來示現的，都是接近「一切智智」，都是快要成佛的大菩薩，佛道如是不可思議！

陀的俗家眷屬的菩薩摩訶薩，都會很快成佛，都是不可思議的大菩薩[84]，都早已遠離婬欲。如來三身無欲，決然清淨！假藏傳佛教諸人因爲自心不清淨，卻來污衊諸佛，眞是佛道淪喪！

堅持六識心爲完美的組合——學法和佛法沒有關係

宗喀巴的《廣論》認爲大乘小乘之間的差異，只有發菩提心的差別而已，因爲他認爲佛果和聲聞果是一樣的，但是因爲有菩提心，可以永久利益眾生[85]；所以聲聞人只要不證解脫果而不入涅槃，一直不斷地自度度他就能成佛；

---

84 以勝鬘夫人的被授記來作比較，勝鬘夫人的智慧和心志抱負都顯示出一位大乘菩薩不可思議的風骨，而他被授記時，本師 釋迦牟尼佛說他還要值遇無數阿僧祇的佛，最後成就佛果。因此，勝鬘夫人被認爲是剛入聖位不久的菩薩，這樣來比較《法華經》所記載的示現爲聲聞的大眾，都非是等閒，都應是已經入第三大阿僧祇劫修學的大菩薩，所以祂們不必像是勝鬘夫人會值遇到那麼多的佛，就會很快地成佛。而《華嚴部》的經典如註釋 84 所提，也直說這些聲聞大眾都是大菩薩，而單單護持 佛陀法教的天龍八部都是大菩薩，更何況是這些示現爲大眾上首的大比丘、大比丘尼呢！

85 宗喀巴於《菩提道次第廣論》中說：【諸佛獲得果位之時，不如小乘而住寂滅，盡虛空住義利眾生，亦是由於大悲威力，此若無者同聲聞故。如修次第中篇云：「由大悲心所攝持故，諸佛世尊雖得圓滿一切自利，盡有情界究竟邊際而善安住。」又云：「佛薄伽梵無住大涅槃，因即大悲。」】（福智之聲，民 94.3，頁 212）

釋印順就是繼承了《廣論》這種邪思謬想，才會主張凡夫的人菩薩行，不應該證得聲聞四果以免入涅槃，應以凡夫行而教導眾生聲聞解脫道，最後就可以成佛。

同樣是不清楚佛道的宗喀巴，到了《密宗道次第廣論》就馬上恢復印度外道性力派譚崔瑜伽的本色，說這「菩提心」還有「紅、白」兩種顏色。為何這發願成佛的心，到了密宗的「無上瑜伽」就會突然變色呢？因為宗喀巴自始至終都是以男女性交的雙身法為核心！女性有紅色的月經，那是假藏傳佛教中說的寶物，當然要稱為紅菩提心；男性射精後的液體是白色的，更是假藏傳佛教中的寶物，當然更要稱為白菩提心。這麼寶貴，當然合修雙身法以後要收集起來吃進身子裡，才不會浪費。

所以，印順法師對於宗喀巴的《菩提道次第廣論》雖然全面繼承信受，包括「細意識常住」的違佛之論，都是於他的著作中大書特書；然而因為中土戒律的熏習，他自身仍想要維持清淨的出家僧相，再加上對於假藏傳佛教的婬樂完全不能苟同，於是印順法師對《密宗道次第廣論》所說的雙身法是從頭到尾都予以唾棄的，毫不留情地抨擊：

藏傳密宗的「無上瑜伽」實際是「男女的性交欲樂」，用「**金剛、蓮華**」美化「**生殖器官**」，「女子」爲「明妃」，「女子的陰部」作爲「婆伽」曼陀羅，將「**男女的性交**」**當成**「**入定**」，「男子的精液、女子的經血」當成「白、紅」二種「**菩提心**」，以精液忍耐控制，這樣恆久不洩精，以此男女性交的「性器官樂觸」稱爲「大樂」！

外面以佛教之名來包裝以炫惑無知的愚人，而實質的內容跟中國的「**御女術**」**完全相同**。凡是學習密教、藏傳密宗的人都必須接受「灌頂」……而所謂的密宗的「灌頂」就是指傳授這樣毫無廉恥的性交之法[86]！

這點膽敢站出來指責假藏傳佛教密宗道的勇氣，印順至少是勝過於當代之各大山頭大法師們多多的，推究其實，現代大法師們哪一位不知道假藏傳佛教不是佛教？大家都知道假藏傳佛教是根源於印度教，就是印度教的性力派的譚崔瑜伽，然而他們卻不願意公開說：假藏傳佛教根本不是佛教。且問

[86] 印順法師於《印度之佛教》中大力抨擊密教、藏傳假佛教：「『無上瑜伽』者，以欲樂爲妙道，既以金剛、蓮華美生殖器，又以女子爲明妃，女陰爲婆伽曼陀羅，以性交爲入定，以男精、女血爲赤、白二菩提心，以精且出而久持不出所生之樂觸爲大樂。外眩佛教之名，內實與御女術同。凡學密者必先經灌頂…即授受此法者也。」（正聞出版社，民 93.10，重版六刷，頁 323）

這些大法師的僧寶風骨何在[87]？！

印順法師在當年還沒有法尊法師解開假藏傳佛教的專業術語之前，已經自行將「金剛、蓮華」解密[88]，自稱受到假藏傳佛教的影響很大[89]：當他替法尊法師潤筆《菩提道次第廣論》和《密宗道次第廣論》時，他看到《菩提道次第廣論》的「應成派中觀」的「無我」的辯證，很是契合歡喜，他寫了《成佛之道、中觀今論》……等書，藉著《菩提道次第廣論》斷滅見的惡論，對於 佛陀世尊所宣揚的佛教展開了長達一生的抨擊。但他終其一生，卻大力反對密宗道的男女合體雙身法，這一點還是值得讚歎的。

印順法師的老師：太虛法師最後瞭解這「應成派中觀」是戲論，所以作

87 中國古代皇帝以幾千人家庭的子女來供給一己的婬樂，乃至閹割宦官男根之陋習，卻沒有一位知識份子有勇氣來攖其逆麟；這還要等到明朝亡國，而後終有顧炎武、王夫之等諤諤之士批判，仰俯古今，今日知識份子的風骨安在哉？

88 印順法師，《平凡的一生》，增訂版民 83.7 初版，頁 27，「從前閱讀大藏祕密部，如金剛，蓮華等術語，也就能了解是什麼。」

89 印順法師，《平凡的一生》，增訂版民 83.7 初版，頁 27 頁 24-頁 25，「我出家以來，對佛法而能給予影響的，虛大師（文字的）而外，就是法尊法師（討論的），法尊法師是我修學中的殊勝因緣！」法尊法師也曾爲了滿足印順的好奇心，所以特地翻譯了一部《七十空性論》。

了一篇《閱【入中論】記》予以徹底犀利破斥[90]。然而他的弟子——印順法師不願回應，選擇輕描淡寫而略過。

然而至少印順法師對於宗喀巴所熱愛的《密宗道次第廣論》，是大大嗤之以鼻，當釋印順最後決定揭發假藏傳佛教的雙身法的秘辛，因此他還是忍不住描述雙身法的實修情境，爲了怕大家最後誤會他也是支持藏密的男女雙身法，因此他挺身大力破斥，做了上述的評論，以顯示他的本意：他鄙視宗喀巴的無

---

90 印順法師，《太虛大師年譜》，頁502-頁503，民國三十二年，「十月四日，大師《閱入中論記》脫稿（文）。月稱之《入中論》，法尊於三十年譯出，大師曾爲刪潤。是論高揚中論空義而專破唯識；大師不忍唯識之被破，乃明唯識而一一反難之。評《入中論》爲：「功過互見而瑜不掩瑕」。（修訂一版，民81.3）因此印順法師最喜歡的「應成派中觀」很早就被他的老師破過了，然而印順法師對於他的老師的看法是有意見的，因此用「不忍」，因此也不肯正說太虛法師說這個《入中論》不是眞的顯揚《中論》的，印順法師的用心確實城府很深。

《太虛大師全集》，第十六集，太虛法師在《閱【入中論】記》（三十二年十月在漢藏教理院），評論應成派中觀：「除自所宗中觀論外，概謗餘宗爲亂造之理，如外道邪教，則應除所宗中論外更無五乘、三乘、一乘等之佛法！此種褊狹之胸襟，實出部派之惡諍」。又說：「汝執世間名言全不思察者爲世俗，故唯世間世俗；汝執唯所說無自性空爲勝義，故是勝義世俗。不達離言內證一眞法界，此但汝自局執，豈龍猛義爲汝限耶？」後說：「則知《入中論》破他，但爲舌辯游戲，無當正悟！樂著內諍，卒難獨佔全勝，徒令外道乘隙，盡滅佛法，故諸佛子應不爲此！」網路上可查詢全文：http://tw.myblog.yahoo.com/jw!HuWFxRqLFRKePrbki81IEIkxHIM-/article?mid=27358

上瑜伽，鄙夷宗喀巴的雙身法，鄙夷這色情騙子——宗喀巴！

小乘、大乘之上的金剛乘？三昧耶＋修持咒道＋練明點＋灌頂？

宗喀巴說完了他以爲的佛教的「上士道」之後，接下來就是要大眾來修學密教之法；而在中國、台灣研究佛教的歷史學者大多不明白假藏傳佛教的底細，因此隨順「密教、藏傳佛教」的稱呼，將佛教貶抑爲「顯教」，將譚崔喇嘛教宣稱爲「密教」，將「大小乘」的「菩提道」貶抑在「密教」的「金剛乘」[91]之下，列於「密宗道」之下，於是原本是外道的譚崔密宗順理成章成爲佛教裡的一派了。

而關於假藏傳佛教所認爲傳承到的「金剛乘」，宗喀巴說：如果能按照密教上師所教導的三昧耶律儀，乖乖地照作，無有違背，這樣來修持「咒道」，當持咒的功課完成後，便能夠迅速累積圓滿無邊的福德，就是「圓滿次第」的

---

91 宗喀巴於《菩提道次第廣論》之中說：「已釋上士道次第……第二、特學金剛乘法，如是善修顯密共道。」（福智之聲，民 94.3，頁 557）

「法器」[92]。假藏傳佛教學人為了圓滿持咒數百萬次的數目，根本沒有時間可以稍微涉獵佛教經典中所說的眞正佛法，也不可能有時間閱讀善知識依佛經如實演述出來的眞實義，只能繼續迷信宗喀巴的《廣論》，不可能生起對佛法的抉擇能力。如此辛苦持誦數百萬次咒語，接下來，應該去準備要作為修持「續部」典籍所說的「圓滿次第」。達賴喇嘛怕大家讀不懂，因此就根據宗喀巴《密宗道次第廣論》的詮釋來舉辦密宗道的無上灌頂的傳法，將《菩提道次第廣論》中隱語所提到的「無上瑜伽」予以實踐，說這樣就能「圓滿道體」[93]。

因此，當這樣迷信《廣論》邪說的人，辛苦地唸誦了幾百萬遍的「咒語」以後，接下來需要依《密宗道次第廣論》去修持「明點」，再來就要苦練不洩精的功夫，接著就是以女兒、愛妻來供養上師而接受密灌。因此，密教之流，繞了一大圈，就還是回到他們所熱愛的性交淫慾灌頂法；這些學《廣論》的人以為佛說菩薩有「不漏法」，就是指和他人婬欲行而精液不洩漏，如是假藏

---

92 宗喀巴於《菩提道次第廣論》中說：「若能如是護三昧耶，及諸律儀而修咒道，當先修習堪為依據續部所說……以咒道中不共所斷…速能圓滿無邊福聚，堪為圓滿次第法器。」（福智之聲，民 94.3，頁 557-558）

93 宗喀巴於《菩提道次第廣論》中說：「其次，當修堪為依據續部所說圓滿次第，棄初次第…故當攝持無上瑜伽，圓滿道體二次宗要。」（福智之聲，民 94.3，頁 558）

傳佛教的邪說，病態的喇嘛宗喀巴在《廣論》中就是這樣教導的。然而我們以佛教經典中說，是要菩薩於醒與夢的各種境界之中，都能「沒有欲想，亦無漏泄」[94]，都能「遠離」欲想，代表意根和意識都已經能夠遠離相應粗重的男女欲想，而不生起欲貪。但這是譚崔佛教的假藏傳佛教不能也不想接受的，所以假藏傳佛教的出家喇嘛還是要繼續與女信徒兩根互入，來行這骯髒污穢的下流性交雙身法，欺瞞社會說這種外道法就是佛法，將佛殿變成了牛鬼蛇神的窩，如是者哪裡是和佛教有任何的關係，哪裡能夠稱作是佛教徒呢！？

回歸印度瑜伽的修法——藏傳密宗將般若波羅蜜導歸於外道瑜伽

這其中顯而易見的地方是，當宗喀巴說到「布施」、「持戒」、「忍辱」、「精進」、「禪定」、「般若」等波羅蜜，還特別強調印度瑜伽外道的「諸本尊、脈、

94《大寶積經》卷十九〈1 授記莊嚴品〉：「世尊！若我發此一切智心，若未證得無上菩提，乃至夢中，若生欲想，而有所泄，則爲違背諸佛如來。世尊！我修是行證無上覺，使彼國中出家菩薩，彼於夢間亦無漏泄。」(CBETA, T11, no. 310, p. 103)

息、明點」[95]等法的修學，將「世間的瑜伽術」、如此五陰境界的垃圾法當作是黃金，將 佛陀從來不要我們去學、不要我們去研究，而且是應該遠離及斷除的「印度瑜伽外道法」，全都搬入他們假藏傳佛教的大殿，去跟不知情的信眾欺騙說「這些都是佛法」。

「回歸印度譚崔瑜伽」其實就是《廣論》所要宣導的宗旨，也是所有假藏傳佛教喇嘛最喜愛傳授給女信徒的偉大宗旨，這才是假藏傳佛教的「僞波羅蜜」。所以，回歸印度教的性力派，才是這群假藏傳佛教性愛狂熱份子所日日夜夜念念不忘的「認祖歸宗」！《菩提道次第廣論》說的三士道，其實只是接下來應修的《密宗道次第廣論》的誘餌，所以在菩提道中所說的止觀，就講得很隱晦，又既不是大乘止觀，也不是小乘的聲聞止觀，也不是小乘的緣覺止觀，連世間禪定都沾不上邊，如是「四不像」而自創的「虛幻止觀」，就是爲了來銜接印度譚崔無上瑜伽雙身法的雙人雙運「婬樂止觀」！

密宗、藏傳假佛教遠離佛教三乘菩提的教誨，因此於「菩提」之上，提

95 宗喀巴於《菩提道次第廣論》中說：「若勤修此生眞實心，雖施烏鴉少許飲食，由此攝持亦能墮入菩薩行數，若無此心，縱將珍寶充三千界而爲布施，亦不能入菩薩之行。如是淨戒乃至智慧，修諸本尊、脈、息、明點等，皆不能入菩薩之行。」（福智之聲，民 94.3，頁 207）

出了如是印度瑜伽的修行：「念咒、修脈、修息、修明點」，稱爲「密咒大乘」。密宗典籍又稱爲續部，其實就是「譚崔部」，以示密宗人「絕不忘本」的傳統。而其中作爲根本奧義的印度瑜伽男女術，是早於佛教　釋迦牟尼佛示現於人間之前的外道法，他們認爲樂空雙運大樂境界就是傳說中的成佛境界；因此對於信受的狂熱份子而言，只要「咒術成就」，不必修學三大阿僧祇劫成就，就超越無量無邊劫的修持，即可準備修學這「不傳之密」而快樂成佛！

所以，宗喀巴在《廣論》中要大眾緣取色身：將自己的身體認爲是「天身」，準備未來要成就男女雙人合修的「天瑜伽」；又將死人頭顱當成是不淨觀的行相，預備作成「嘎巴拉」，來作灌頂使用，這「嘎巴拉」就是「死人的頭骨製作的容器」，用來「供盛男精女血的淫液」，當上師接受弟子以妻女供養而淫合以後，要求「當場受灌頂的男弟子喝下婬液」，就完成密灌了。將這三種噁心齊聚一堂，就是聞名中國的「噁心巴拉」！最後將用屍骨所作成的兇猛恐怖的器杖布置於假藏傳佛教的壇場，當作成受持假藏傳佛教獨特的三昧耶持戒的得戒相！

而針對依靠這色身之法而作緣取，則有緣取息、緣取細相、緣取空點、緣取光支、緣取喜樂[96]，這就是印度瑜伽的婬欲性力派的教法，就是古印度的軍荼利瑜伽，又稱爲靈蛇瑜伽！

這假藏傳佛教《廣論》的譚崔外道法，不但遠離佛法，而且是背道而馳。這外道法著重於色陰身體的修煉，就是要以身體的六個脈輪來修氣息，注意脈輪運作的細相，而針對這脈輪的海底輪，作空點、明點來想，然而練習這中間生起「拙火」，將這能量發起，而散發到全身。因此，當國外的媒體來到喇嘛廟，所看到的是令我們發噱的場面，這些愚人喇嘛將濕掉的衣服披在身上，以身體發起的拙火的熱力來烘乾這些衣裳，影片中只見到這些喇嘛一個一個興高采烈地來揚起衣服，乾了！乾了！卻不知道這些身根的鍛鍊都與佛法的修行無關！

藏密行者還需要開始鍛鍊男根，以布條等來包覆男根，盡情搓揉，以達到能長時間不洩精的「金剛」下體成就；乃至血食各種牲畜紅肉，以各種方式來刺激男根，以達到壯陽之效！或是其他種種不爲人所知的方式，來壯陽

96 宗喀巴於《菩提道次第廣論》中說：「緣身又三，謂：即緣身爲天形像，緣骨鎖等不淨行相，緣骨杖等三昧耶相。緣依身法又有五種，謂緣息、緣細相、緣空點、緣光支、緣喜樂。」（福智之聲，民 94.3，頁 356）

以達到長時行婬而不洩精的奇效！

此時，這位藏密行者便可以作爲圓滿次第的眞正法器，而假藏傳佛教所謂解行相應，是要修「上師相應法」，所以要將密教的「上師」放到佛教的「佛」之前、「佛」之上，作爲最高的歸依，於佛教三歸依之外，額外建立假藏傳佛教獨創的四歸依；因此《廣論》的學人必須遵行上師的法語，不可違背，成就密教以爲的殊勝的三昧耶戒相，完全依止於上師，自身的雙手作杵鈴結合，即是以此來感召灌頂的天上雙身的密教諸僞佛菩薩行淫而授予行淫後流洩下來的甘露，如是觀想，來洗淨全身，名之爲「瓶灌」！假藏傳佛教女行者亦如是觀想，心心念念熏習，就是要成就未來與上師喇嘛眞槍實彈進行的雙身性交作準備。

然後假藏傳佛教的男行者，必須供養上師從十二歲至二十歲等九位女子當明妃來性交，因此雖然沒有十方如來爲他灌頂，就由自己人的淫液來作灌頂，觀想喇嘛上師即是佛身，當作是「佛」，雖然只有一尊，但能修性交雙身法就夠了，只要女子有多位、九位、十位！於上師和女子行婬後，作「雙人」到「多人」、「十人」的雜交「止觀雙運」後，以「海螺」或「嘎巴拉」裝盛上師和女子的下體分泌物，名之爲「甘露」，如是男子喝下這個噁心巴拉的「甘露」，名之爲「密灌」，雖然污穢噁心，但是這個修密的男子喝下喇嘛與九位女人行淫後的混合液體時，還應該讓自己心得「喜樂」，才符合宗喀巴所說的確實已得到密灌功德的要求！

此時，再輪到弟子來作「雙人」的「止觀雙運」，即此弟子開始妄想「天瑜伽」應當此時此刻成就，這時想在這假藏傳佛教之壇場中的自身就是「佛身」，此女子就是「佛母」，此時輪到自己親自上陣，努力性交修雙身法；於肉體接觸以及性器官的接觸，一直不洩精的緣故，而又能引領這性交之樂而幻想讓全身遍佈受用，造成身體的大樂，如是一直保持在性高潮之中，此時意識心能領受此「大婬樂」清清楚楚明明白白，名之爲「大樂光明」！

宗喀巴的《密宗道次第廣論》中說，此時意識心生起虛妄想：這性愛之樂實則是「空」，我覺知心與所領受的樂觸都非實體，因此「無我」，即是「空」；如是一直保持受用這「身體婬樂」與「無我之空」！以爲這個「空」就是勝義空，以爲精液至於男根的頂端，而能不洩出，這就是明點的「大樂」妙用！於此性高潮之中，體會到假藏傳佛教不同於佛教的這種「空性」，就是這「大光明」，就是這「大圓滿」。如此喜樂充滿，又「樂」又「空」，即是假藏傳佛教所引以爲傲的樂空雙運「即身成就」悉地，就是「即身成佛」！

所以當宗喀巴這麼辛苦寫作《廣論》，要將他的反佛教的傳統：「意識心是永恆的」邪見抱持終身，於是他繼承阿底峽所創立的「三士道」，來盡情地闡揚「佛教三乘菩提畢竟不如密教」的「密宗道」，最後終於在各種的隱喻之中，讓大家尋根走回宗喀巴的最愛——印度教的性愛瑜伽、軍荼利瑜伽，而能徜徉於宗喀巴所最熱愛的意識心淫樂境界中，而且又能在持續的性高潮之中發現這殊勝的離念細意識心，因此永遠離不開「意識心」，絕對無法和眾生的如來藏相會，永遠成爲密宗的信徒！

這一切的一切，都是因爲他難以信受佛教三乘菩提的金玉良言，無福信受 佛陀的眞言，無有意願接受 佛陀苦口婆心的呼喚！所以他寫作《菩提道次第廣論》的目的是這麼昭然若揭，當他藉《菩提道次第廣論》將人引入《密宗道次第廣論》時，他的教義就變成了如何莊嚴壇場，使得參加婬欲灌頂的人覺得這眞的是神聖歡愉的一刻，也同時墮入了假藏傳佛教的夢魘之中，無法離開色身、意識、身識的欲樂；接下來就是要以佛教的名相來包裝這性愛的教義，以避免遭人揭發而穿幫，所以稱之爲「止觀雙運轉道」，實則根本是「雙人修行交抱」的婬樂！請問有智慧的你，還能稱這假藏傳佛教的「止觀雙運」是「修行」嗎？這樣離譜的「修行」，眞的是天曉得！

在宗喀巴的《廣論》中，大乘的止觀已經被宗喀巴棄如敝屣，一切種智的般若的修學也已經被拋之腦後。假藏傳佛教行者修密法，學到這裡以後，到底要如何繼續宗喀巴的旨意？就是要進行「一人」之後的「雙人」的「止觀雙運」，這才是宗喀巴回歸印度瑜伽的最神聖的使命，他本來就不甘心爲了傳承 佛陀的教義來寫書啊！

二〇一〇年，被台灣社會抨擊爲「限制級」的「聖地西藏佛像展」所要顯示的「色情雕塑」，就是假借包裹著佛教的外衣，而全都回歸到「超級限制級」的印度「無上瑜伽」的明證！這些喜愛譚崔性愛瑜伽，縱情婬樂之假藏傳佛教中人，就是依此雙身污穢之相來污衊佛教，來污衊清淨的如來，這樣令人聞之膽怯的惡法惡教，如果不是業重的眾生，又如何會被籠絡而相應呢！

「無分別」致命的法見錯誤

爲何這樣荒謬的印度性力派譚崔瑜伽，假藏傳佛教的信徒會無法看出來呢？除了過去的業因之外，對於「意識心」於各種境界無止盡的探求，註定他勢必將修學的一切都回歸到「婬欲的意識心」，以感覺男女性交「淫樂受用」

的意識心，當作是他追尋「意識心」的終點站！

假藏傳佛教除了將「婬欲行」裡的執著及方便善巧觀察，附會成佛法「止、觀」之外，還特別強調他們是在修證「無分別」心；這是因爲意識心在男女雙修時能專心受樂而「無分別」，是假藏傳佛教所以爲的「最高」的「空」的境界，認爲這樣就是證得佛地的無分別智。最後假藏傳佛教學人在不知道如何進入「無分別」的狀態下，上師喇嘛趁機就教導是以此「雙人雙修婬欲性交」來達成，由此來說明意識心這樣的狀態爲「無分別」，而徹悟這一切「行淫都是空」，「婬樂也是空」，以此來自說這樣的體悟是證得「意識細心」，無須對淫樂更加分別。假藏傳佛教的古今喇嘛上師，就是以此自欺欺人的說法來妄說這就是佛法中所證的「無分別智」！

然而假藏傳佛教附會佛法的「止觀」，已經於前面的第二部曲中，略說其荒謬之理，接著我們在此略述何謂「無分別」。假藏傳佛教是將「無分別」奉爲圭臬，引經據典，請出《聖入無分別總持經》來闡釋「無分別界」，然而卻嚴重誤解其中的「無分別」的正理，眞是令人啼笑皆非而不忍卒睹！

中國相對的翻譯，爲敦煌本的《佛說入無分別總持經》，提到：何謂菩薩所證得的「無分別界」呢？祂本身超過意識的一切尋思的境界，此「無分別界」不生起如同意識心的見聞覺知，故不分別六塵中的任何法，稱之爲「無分別」。菩薩在觸證這無分別界（證得無分別的功能——第八識功德）之後，善能安住此無分別界，終於親證一切諸法皆是這「無分別界」之所出生。菩薩能於證得「無分別法」後，繼續修證領略所得的「後得智」，發起三賢位以及諸地菩薩的現觀，菩薩能證得諸法猶如「幻、燄、夢、影、響、像、水月、變化、非有似有、犍闥婆城」等種種現觀，繼而廣大心圓滿，最後達到八地菩薩的「無功用行」作諸佛事利益一切有情[97]。

---

97 漢譯的敦煌本的《佛說入無分別總持經》：「何故無分別界名無分別耶？超過一切尋思想故，超過能詮所詮相故，超過以根計度想故，超過以境計度想故，超過計度唯識相故，一切煩惱及隨煩惱一切障蓋無依住故，故名無分別。」「何者無分別？無分別者，無色、無對、無依、無明、無知、無有所依處故。由諸菩薩摩訶薩善住無分別界故，於一切所知境界，以智見，猶如虛空，無有差別之想。以無分別後得智，觀一切法，猶如幻、燄、夢、影、響、像、水月、變化等故，獲得廣大樂住。及得廣大心圓滿等廣大智慧，於樂說中而得自在。於一切時而能利益一切有情，以無功用作諸佛事而無間斷。」此根據《聖入無分別總持經對勘及研究》，談錫永導論，全佛出版社，2005，頁167、169。

另於大正藏中收錄施護所譯《佛說入無分別法門經》卷一：「善男子！所言無分別界者，以何義故名無分別界？謂於一切色過諸分別，於一切根過諸分別，過一切分別境界，過一切表了、一切煩惱隨煩惱障無所攝藏，是故說名無分別界。於是無分別界中，無色、無見、無住、無礙、無表了、無種種相，若菩薩如是了知已，如是安住無分別界，這「無分別界」就是「眞如界」，就是「心眞如」，就是《華嚴經》所說的「心」，就是《法華經》說的「實相」，就是一轉法輪《阿含》說的「入胎識」，就是二轉法輪說的「眞如、無心相心」，就是三轉法輪說的「阿賴耶識」，就是 如來貫串諸經所說的「如來藏」！

因此，禪宗祖師龍樹菩薩就是依此實相而造《中論》；中國禪宗所傳承的就是四卷弘揚第八識的《楞伽經》，這第八識就是第二轉法輪的六百卷的《大般若波羅蜜多經》法會所弘揚的眞如，進而在第三轉法輪中的《解深密經》闡釋眞如的體性，名之爲「七眞如」性！所以佛說這是超過意識心的尋思境界，「眞如能夠出生一切諸法」，所以「一切諸法依此眞如」，而說「蘊處界一切眞如」，平等而無有差別！

宗喀巴因爲當初「吐蕃僧諍」的事件，遵循蓮花戒於辯論敗北之後的駁斥[98]，主張必需要進行「慧觀」，因此要如何於觀行之中，一直產生「無分別」

是即入無分別智與虛空等；於一切法無所觀而觀，得大樂行增長大心，得大智慧大說無礙；於一切時、一切相，普爲一切眾生作大利益，得勇力增長，於無發悟佛事得大輕安。」(CBETA, T15, no. 654, p. 806)

98 摩訶衍當時以一人面對全藏的假藏傳佛教之師，引經據典，駁倒全場，然而事後，全藏之師集合研究，推演出次第之說，最後吐蕃之王欣喜，轉說蓮花戒獲勝，驅逐摩訶衍。然而今日的史料所記，不管摩訶衍或蓮花戒雙方都呢？宗喀巴就回到印度性愛瑜伽的老路，要有人一起性交作愛，修學的人於此淫穢法中作觀，以爲這樣於此雙身法的「樂空雙運」之中，最後能夠安止於「無分別」的「空觀」，生起「智慧」，名之爲「即身成佛」。

所以宗喀巴處心積慮寫了《廣論》，教人要依照雙人雙運來修這樣的「止觀」，希冀於其中證得「無分別」，都只是回歸他堅持「意識心是永恆」的最後曲目；不論他言詞之中，如何包裝，還是註定會穿幫！因爲意識還是意識，永遠不會變成無分別心，還是繼續在領受雙運時的樂觸，領受時就是「分別」。

不管宗喀巴如何將戲碼改變，還是古印度的譚崔性愛瑜伽！所以，江燦騰、楊惠南等學者指出這假藏傳佛教的「無上瑜伽」是印度教的東西！於此「性愛止觀」雙修雙運中的意識心，本來就是妄心，本來就是一直生滅，不論宗喀巴、歷代達賴、各派喇嘛等人，他們如何努力經營喇嘛王國的國際性色情事業，他們除了行婬中的意識以外，還是找不到他的「意識細心」，因爲不管他們所謂的「意識細心、細意識、極細意識」是多麼微細，都是佛陀所說的「虛妄的意識」！因爲　佛陀在阿含至教中明說：「**諸所有意識，彼一**

是未悟凡夫，屬凡夫對凡夫的諍論，兩邊都不解眞正　佛陀的意旨！

切皆意、法因緣生故。」[99]

因此，宗喀巴在世時，在西藏遇不到能人，遇不到證悟的菩薩，以爲這樣的邪見所向無敵；事實上宗喀巴《廣論》所說根本不堪檢驗，根本就是凡夫見解，以意識爲眞實我，正是我見俱在的凡夫。因此他千方百計說的「應成派中觀」，如同西藏其餘宗派的僞佛教系統一樣，都是以「無分別」、「不分別」、「空慧」、「空性」、「無自性」等來作包裝，都是裝飾他們所熱愛的印度性交瑜伽，都是用來點綴這最後的無上性愛灌頂，因此他們永遠不能曉得，爲何佛法有時說「分別」、有時說「不分別」，有時說「無分別」、有時說「廣分別」，有時「遠離分別」、有時說「非不分別」，其他的「我」、「無我」、「非我」、「非異我」、「不異我」、「眞我」，這些人當然也是不清楚！

因爲，這些假藏傳佛教的人永遠只是尋章摘句，以爲文字的片段就是眞理，從來不曉得佛道的莊嚴是必須以內自所親證的智慧，非關於文字，必須超越一切尋思的境界，必須是親自觸證這第八識無生之法；此無生法從來不是七轉識，從來不是世界之一切法，而能從親證這個「實際無生之法」開始，

[99] 《雜阿含經》卷九：(CBETA, T02, no. 99, p. 57, c20-21)

因而通達一切諸法。

然而，假藏傳佛教的宗喀巴走入了一個「世間、出世間」都不存在眞實相的幻想世界，而要遵循密教所作、所愛作的「永恆的婬欲行」，追隨著這個「阿里不達」的腳步，直至他生命的盡頭！

《廣論》——一個廉價的即身成佛之術

當佛教被這些密教祖師貶抑爲「顯教」的時候，密教所抱持的「即身成佛」、「一生成佛」便開始召喚在這個世界上業重的眾生；當大家的福德資糧是如此的貧瘠，因此會跑去相應於這樣的婬欲惡法。台灣俗語說：「人牽不肯行，鬼牽矻矻行」，如此的現象並不令人詫異，如同這世界的文化看似越是昌明，然而這世間的苦難並沒有因此而減少。

從唐朝開始，這外道密教透過佛教的包裝，已經順利在中國建立灘頭堡，只是一開始還沒有像印度那樣可以明目張膽公然來傳授男女雙身法，然而透過曼陀羅的種種建立，以及其他的施設，密續要說的男女性交灌頂其實並沒有消失，只是用詞更加隱諱，以防止士大夫糾舉其傷風敗俗；因爲這樣的雙身法普遍流行於民間則會導致社會人心的混亂，要是讓皇帝不高興，一下子砍了腦袋；也因此，再經過中國而轉傳日本的東密，並沒有廣泛公開這傳承自印度的貨眞價實的「男女雙修」，只有在唐密的出家人之中傳授，演變爲日本和尚住在寺中娶妻生子的現象，也只剩下東密立川流有在教導男女雙修性交法的理論，這點和直接傳承印度的西藏的假藏傳佛教的命運是大不相同的。

然而，就像是達賴喇嘛根據《時輪金剛本續》狂妄地高聲說：即使受了灌頂當時沒有成佛，九輩子後，一定成佛[100]。這類騙死人不償命的話，騙光信徒錢財不必賠的鬼話，同樣存在以前天竺譚崔佛教的密續中，也是大量翻譯進入了中國；只是密教的男女雙修，最初進入了皇宮，幾乎都收藏在皇宮

[100] 在網路上的達賴喇嘛的灌頂法會的宣傳是，《時輪金剛本續》荒謬而說：「凡受過此灌頂而堅定信念修持者，雖不修在七世內必定成佛。http://www.lama.com.tw/content/meet/act.aspx?id=3187 而根據宋朝施護所翻譯的《佛說祕密三昧大教王經》卷1：「行人應當依本法儀，於如來像前加趺而坐，結一切如來拳印，不勒限數持誦一年，日唯一食餘不應作，如本法說勿生退倦，後一年滿已即得成佛，爲一切三界主，自在常住壽命無量，而善調伏諸眾生界。如上所說成就之法，行人設有未成就者，但當於此大明諦心持誦，亦能成辦一切事業，所謂先得五分功德，乃至轉法輪度眾生等諸方事，後當不久亦得成佛。」(CBETA, T18, no. 883, p. 448) 所以後者還乾脆說更快一點，一年就可以成佛，對於這世界上的眾生，求快速的人來說，眞的是很容易心旌搖晃而受騙上當，因爲大家都覺得即使被騙，也還好，如是藏傳假佛教（密教）的即身成佛當然會有銷路了，就如同世間的電話詐騙集團的年收入，似乎都是以九位數字來起算，所以世風日下，人心不古啊！

中讓皇帝閱讀修學；從唐朝開始已經如此，元朝時密宗雙身法公開復辟於中國，到了清朝的雍正皇帝更是大張旗鼓；雍正更在北京城建立了雍和宮，作為喇嘛們的寺院，歡迎喇嘛與宮中嬪妃合體「性命雙修」，他也跟著修學；以此緣故，現在這些雙身像成為古蹟，還在雍和宮展覽示眾。但這些皇帝再怎樣大膽，也不敢觸惱儒家而將這些男女雙身婬慾的密宗法傳到廣大的寺院中，強迫寺院來「改朝換代」，因為這些古代皇帝還算是明白中國人有著固有的儒家道德與禮義廉恥！

達賴的灌頂

西元一九五三年，因為前一兩年的西藏局勢產生了急遽的變化，西藏當局便決定加速達賴喇嘛的學習，由林仁波切按照《時輪本續》給他灌頂，這中函蓋了十五個程序的灌頂；如果按照宗喀巴的《密宗道次第廣論》，則簡化成為四個程序的灌頂，就是取《時輪本續》的最後四個實體明妃的灌頂程序，沒時間時就廢話不多說，就是直接做無上瑜伽的灌頂[101]。當然，達賴喇嘛不

---

101 宗喀巴也於《密宗道次第廣論》中說有五種灌頂，其實都是籠罩的把戲，實質上，每一灌頂的目的就是要作愛，

能只是虛晃一招，他必須以他自身的「金剛杵」，與眾明妃亂搞一場！

達賴自己也說，灌頂的第一步就是要直接佛父和佛母「眞槍實彈」相抱[102]，絕對不能紙上談兵，這就是繼承了黃教宗喀巴大祖師的「西藏密教大法王」《廣論》中的「肺腑之言」！灌頂之後，要秉持的是《廣論》中的師訓，永遠不能捨離大貪，因爲他們妄想說如果離開男女貪慾，就會入無餘涅槃，應該繼續保有貪愛，所以要繼續永恆的顯示「男女雙身」座像，來「度化眾生」；這群可憐人從頭到尾就是沒有離開貪慾，卻一直信口雌黃，他們沒有辦法想像自己還沒有成佛的事實，他們也沒有智慧來理解，在他們前頭，將有無窮慘烈的業苦等待他們的「光臨」。

這達賴喇嘛所依循的無上瑜伽，就是密教所引以爲傲的無上乘、金剛乘，超越佛教的密教，這就是印度譚崔瑜伽，走進性愛瑜伽的，這個性愛的奧義，

沒有什麼灌頂可言，而且絕對不會發生什麼「諸佛如來現身」的事情，只有餓鬼道貪淫的眾生於旁邊窺視，伺機等待男精女血，等待大快朵頤。（文殊出版社，民77.9，頁281）

[102] 達賴，《達賴喇嘛文集（3）——西藏佛教的修行道》：「在無上瑜伽續中，即使是第一步的接受灌頂，都必須在男性和女性佛交抱的面前成辦。」「在這些男女交合的情況中，如果有一方的證悟比較高，就能夠促成雙方同時解脫或證果。」民90.3，初版一刷，頁56

以爲是超越一切佛教的菩提的大幻想。因此說，宗喀巴才要撰寫分別佛教和密教的大作：《菩提道》和《密宗道》兩部《廣論》，詳細教導大眾走入譚崔假佛教的無上瑜伽中，徹底和「佛教」劃清界線，將他內心澎湃洶湧對性愛瑜伽的眷戀，以及對於 佛陀種種不滿的情緒予以盡情發抒！這就是他一直執取「意識心」作爲「永恆」的最終曲！

後記

廣論班要不要遠離「色情10P性交大師」？

許多人努力在學假藏傳佛教的《廣論》，當有人勸他應當離開藏密時，他則回答說：「我不會去修假藏傳佛教的雙身法，我不會邪婬的。」或是說：「那（雙身法）是有修行的人才能修的（我現在修行不好，我不會去修的）。」然而不論直接說「我不修」，還是婉轉地說「我條件不夠」，這樣的人事實上已經都瞭解宗喀巴是屬於人類中難得一見的「10P色情大師」，是位服膺《時輪本續》雙身法灌頂無上瑜伽修行的假藏傳佛教徒。如果是辯說：「我們《菩提道次第廣論》中沒有講雙身法。」他若不是不懂《菩提道次第廣論》的止觀，就是裝迷糊。對於宗喀巴在菩提道的《廣論》止觀不瞭解的人，其實也可以從他的密宗道的《廣論》中，讀到他如何教導弟子在佛殿中放肆上演「活春宮」來褻瀆諸佛菩薩，還表演「呑婬液」等A片情節；這些於「福智廣論研習班」、「佛光山人間衛視之收視的廣論班」、「佛光山分支道場教授的廣論課程班」、

「佛陀教育基金會廣論班」的學員竟然還是老神在在，充耳不聞，這色情10P性交的宗喀巴永遠是他們心目中神聖而無可取代的上師、至尊！因爲他們心裡面都有一個潛伏的炸彈，永遠有一個根深柢固的種子，就是認爲：「只要是大修行的人，他們要怎樣都可以，都沒有關係；和弟子上床作愛，這個算什麼？他們是人間難得的大師歟！」他們從來沒有檢驗自己老早就有這樣的邪見，他們過去生就是因爲不精勤持戒，犯了很重的婬欲行，這就是無法脫離的本業所釀成的惡因，所以今生學佛才會遇到「傳婬欲法」的假藏傳佛教大師！

佛陀無遠弗屆的「百世必淫」的阿鼻地獄的懸記

對於如是耳聞、或閱讀評論而瞭解宗喀巴是色情大師，但卻寧死也都不肯脫離假藏傳佛教，一直堅持待在「廣論班」修學而紋風不動的人；佛陀直接以金口懸記果報，很特別的是 佛陀並不是「告誡」，這是很少見的情形！

佛陀說即使這樣的假藏傳佛教學人的意志堅定，忍耐不婬欲；然而繼續輪迴，到了第九輩子之後，有的人就會動搖，還是會來「修學」密宗道，一定會和上師一起進行這污穢的無上瑜伽性交灌頂！若是慢的人呢，終究早晚還是會來學這個雙身法，絕對不會超過一百世；在末法一萬年之間，只要時節變壞，就會來修！因此，這些親近假藏傳佛教《廣論》的人未來世中無一倖免，最後還是要倒大楣。末學不得不於此大聲疾呼，佛陀於經中表示：我今日於法會上，懸記如是之人一定會入阿鼻地獄[103]，無一例外！

請問「廣論班」的教導師、聽課的學員，既然你也說自己學的是佛法，對於 佛陀的金口：「從此生九輩子到一百輩子之間，地獄大門等你大駕光臨」，如是懸記諸位，你們哪一位能夠出來應答呢？如果眞不服氣，哪一位可以代表假藏傳佛教，站出來嗆聲來反對佛教的 佛陀啊？

唉！所造的孽過重——親近藏密時，不願聽勸悔改，反而繼續鼓勵親朋好友來聽聞《廣論》，註定是無法脫離 佛陀的懸記！不論是出家在家、修與不修，佛陀的「百世地獄懸記」已是定論，任何一位眞正佛教中的賢聖都不會也不可能插手干預！甚至身上穿著台灣佛教的袈裟，卻膽敢教導《廣論》，

---

[103]《大佛頂如來密因修證了義諸菩薩萬行首楞嚴經》卷九：「阿難！當知：是十種魔於末世時，在我法中出家修道，或附人體或自現形，皆言已成正遍知覺，讚歎婬欲破佛律儀，先惡魔師與魔弟子婬婬相傳，如是邪精魅其心腑，**近則九生、多踰百世**，令眞修行總爲魔眷，命終之後畢爲魔民，失正遍知，**墮無間獄**！」(CBETA, T19, no. 945, p. 151)

擺明了就是將本師 釋迦如來的話當作是過耳的東風！因此，面對這樣囂張還自稱是「出家的釋子」，請問有哪一位「不識相的菩薩」膽敢插手違逆 佛陀的懸記？

《廣論》學人就是密教學人，往往並不知道自己已經捲入了一場超越數千年的世紀大風暴；佛陀從兩千五百年前就已經預記了今日此時此刻，而這些人還是悠哉悠哉、還是無所謂，硬著頭皮，就是要刻意試著淌這一場渾水，嚐一下會不會眞的導致後世如此果報，眞是令人莫可奈何！好好的人生，你隨便去過都行，何必干犯 如來絕對眞實的預記呢？何必干犯諸賢聖們的「眾怒」呢？眞是何苦來哉！

說別人壞話的人，也不是好人？偏偏佛陀就是那「說別人『壞話』的人」

這些密教學人還流傳說：會說人壞話的人，也不是什麼好人。愚人聽起來似乎有道理；然而我們考察下來，原來這句話就是特別針對 佛陀祂老人家說的！

佛陀於兩千五百年前，就已經預記了各種名目的出家人開的、在家眾辦的「廣論班」而親近假藏傳佛教，都是違背 如來的囑咐；如果說這樣是說壞話，那麼 佛陀這樣無可變更、也絕對不會變更的懸記，就應該是超級特大號的「詛咒」。而這樣所謂的壞話，正是我們最慈悲的 佛陀，這個願意出現於這個慘綠人間來救護眾生的佛教教主所說的。

這樣的話，你們假藏傳佛教還要當作是「壞話」，顯然連教主在經典上白紙黑字的話都不想聽，請問你信的是哪門子的教啊？應該是你從身體的每一根骨頭都愛上假藏傳佛教吧！你每一吋肌膚都在呼喊著我是假藏傳佛教的信徒！每一滴血都流著喇嘛的基因吧！

我們仔細端詳歷史，沒有任何一個時期可以像台灣目前這個節骨眼，這麼瞭解假藏傳佛教有雙身法，因爲拜達賴喇嘛大力推銷之賜，告訴台灣民眾：「我們需要雙身法！」[104]然而華人世界都是基於和佛教一樣的人倫理念，和

---

[104] 達賴喇嘛，《藏傳佛教世界－西藏佛教的哲學與實踐》：「當行者在密宗道達到較高層次時，他們會被要求去尋找明妃或勇父以作爲入道的動力，當進行雙運時，男性行者有較高的證量就可以幫助女性行者證悟佛果；同理，女性行者如果有較高的證量也可以協助男性行者證悟。因此不論行者的性別，其效果是互補的。」，立緒，2004、頁110。

譚崔意識走向欲性是無法共通的！

然而如同英國作家狄更生在《雙城記》所說：「那是最美好的時代，也是最糟糕的時代。」我們同時在這樣瞭解假藏傳佛教的眞正面目時，遇見了業重的眾生，他們完全被假藏傳佛教無上瑜伽的貪愛符咒控制了身心，他們一步一步加強他們對於喇嘛雙身法的信受；他們人格的墮落，遠遠超乎我們的想像，而且竟有這樣多的學人不顧社會的輿論，奮力修學《廣論》，開始他們宿命的恐怖懸記旅程？不知道未來數十年之後的台灣情景是如何，那時我們這一世代的人或許已經全都凋零了，而我們未來的接棒者又將是以怎樣的心情來迎接明日的天空呢？又是以怎樣的心情來看待這群走不出自己生命之道路的人呢？

支持《廣論》性力派邪說的學人，因爲本來就是以「性愛、婬欲」作爲修學的宗旨，因爲當他們一開始，信受了世間的意識就是所有的眞實法的時候，就已經是兩隻腳都踏入了泥淖，越是不肯回頭，卻反而勉強前進，就是越陷越深，將自己逼入困境；當他們瞭解 佛陀於《華嚴》、第一轉阿含、第二轉般若、第三轉唯識、最後《法華》等各個時期，竟然都說意識是虛妄的，他們更加憤憤不平，盤根錯節的惡見反而更加滋蔓生長；因此，尋找「意識細心」細意識，成爲他們生命中的唯一解脫之道，這也同時變成了實踐印度性愛無上瑜伽的密續功課的託詞！

拋棄佛教、遠離　佛陀，走向密教，走向怛特羅（譚崔），走向性愛瑜伽，去實踐這些愚信之人心目中的大樂；從意識心去體會這性交的身心難以言喻的喜樂，是假藏傳佛教的信徒們畢竟存在的功課與信仰；他們永遠難以瞭解世尊是以「淫樂皆苦」來教化世間人[105]，因此，佛陀說他們是可憐的應該被哀憫的人！

如是愚信盲目之人，他們的存在除了讓修學正法的人建立「護持正法」

---

[105]《佛說觀佛三昧海經》卷八〈7觀馬王藏品〉：「女極慚愧流淚而言：『如來功德慈悲無量！若能令我離此苦者，願爲弟子，心終不退！』佛神力故，臭骨不現。女大歡喜，爲佛作禮，白佛言：『世尊！我今所珍，一切施佛！』佛爲呪願，梵音流暢；女聞呪願，心大歡喜，應時即得須陀洹道！五百侍女，聞佛音聲，皆發無上菩提道心。」(CBETA, T15, no. 643, p. 686)這部經裡面提到有一位婬女，因爲喜愛男色，因此　佛陀爲作方便，遣化人令其受樂，後來日夜交婬，令此女產生痛楚，而生厭離，並且化人死去，流諸不淨，令此女永存不淨之想，並且黏著其身，後存一臭骨，令此女羞慚，最後見佛痛哭，懺悔發願，捨離此婬欲行，證得初果。所以，不曉得　如來本意者，就是喜歡印度的性愛瑜伽，此密教之人即使身上披上藏地袈裟，也是連此婬女都不如！因此婬女能夠捨離淫貪，就是於霪雨之行，產生身心絕大的痛苦，哪裡還會像是假藏傳佛教之人一直於「止觀」之中要來取淫樂！

的閃耀的功德之外，他們沒有任何的利益可說[106]，他們生生世世在追尋一個已經被 佛陀金口說是「虛妄的意識世界」裡面努力地抱持著「永恆光明清淨想」，徒勞無功地從「無自性」之中去建立一個「空幻但是永恆存在」的「烏托邦意識」！

這世界蒙著眼的烏龜是多了些——就是不肯反省

當達賴喇嘛誤認了諸佛的說法，有些《廣論》學人，則是以一種縮頭烏龜、將頭埋入沙堆的鴕鳥的心態，以爲事不關己。等到有人問他，他就會說：「我不清楚，那是達賴喇嘛的說法，和宗喀巴無關。」

等到人家不提達賴喇嘛，他才鬆了一口氣，結果又有人來問，這個「藏密」是不是有修雙身法？他馬上精神緊張，說：「這個，我不知道，我們《廣

106 除了這些擁護密教的人，可以從地獄法界受苦之中，徹底反省，因爲他們在被正法菩薩破斥的過程之中，也依稀地領略了許多的 佛陀的眞正的開示，因此只要地獄的苦能夠讓他們反省，就有機會眞誠地懺悔，這樣就有機會可以脫離這痛苦的地獄法界。而最可憐的還是，那些跟著業報流轉的人，他們連 佛陀說的是什麼也不清楚，只是跟著這些他們所相信的邪師，跟著搖旗吶喊，如同支持「飛碟自殺派」，全家一家老少都信受，完全沒有接觸正法的任何的機會，死後，卻要跟著到地獄法界去，眞的是很可憐。

論班》不修那個法。」

等到人家說這個宗喀巴的《密宗道次第廣論》，明明老早就知道這部《廣論》也是他寫的，一聽也知道這名字不是漢人，但還是可以裝傻：「我們來《廣論班》，是來修學佛法的，這是《菩提道次第廣論》。」

等宗喀巴的《廣論》被查出來，有法義上的錯誤，但這位仁兄還是可以說：「這法義上，都是見仁見智的，難道只有你說的才是對的？」甚至當他自己已經瞭解哪些是不對的，還會遮遮掩掩，不想讓他人知道。

等到大家公認這宗喀巴侵佔弟子的女性眷屬，這些種種不當之舉；《菩提道次第廣論》的止觀中也是指向雙身法，他還可以撇清：「反正我只有修學《廣論》，我們是不學《密宗道次第廣論》的，不修雙身法。」可以這樣不管宗喀巴的下流的一面，也不管宗喀巴《菩提道次第廣論》同樣是指向雙身法，一口咬定宗喀巴在《菩提道次第廣論》是道貌岸然的君子，真正的修行人。

大家最後一直逼問他，並且顯示許多的證據，宗喀巴是歷史文明中的獨特奉行「色情十人雜交法則」的「倡導者」之一，他最後說：「那（雙身法）

是要修行到一個很高深的地步，才可以修的，我們是不能修的。」

等到前前後後的資料，證明二部《廣論》的目標都指向密宗藏傳假佛教、藏密的雙身法，就是在把玩信徒，宗喀巴自身也是仍在愚癡中，根本不是佛教，他終於憤怒了，大聲地說：「你不知道，這位淨土法師說這藏密是眞正的佛教，而且他說，喝酒、喫肉、行淫、妄語，一起來，但心裡都沒有一點雜念，這樣的修煉才是最高的！」

等到人家說，民國初年，眞正的淨土法師：印光法師，教導大家老實念佛，持戒念佛，絕對不允許有僧眾胡作非爲，違背戒律的惡律儀的說法。因此，有智慧的人不會找如此不明事理的「現代淨土法師」的話，作爲藉口……。結果話還沒說完，他就氣急敗壞，暴怒地說：「你管我！反正我又不是要修學淨土，又不是要念阿彌陀佛，我又不想去極樂世界！」

等到人家談到，西藏喇嘛許多人在台灣騙財騙色，他就馬上義憤填膺，說：「你不要亂說，你不要誹謗藏傳佛教，那都是少數喇嘛的個人的行爲！」結果，他還要繼續供養金錢給喇嘛，繼續參與藏密的祈福法會，繼續參加火供。

等到有人說，那些騙財騙色的西藏喇嘛是真正的喇嘛云云，他馬上站出來，憤然作色說：「你有什麼證據？就算他們是真正的喇嘛，哪一個宗教沒有敗類，沒有喪心病狂的惡棍！你不要以篇概全！血口噴人！」

等到又有人說，犯下色慾過失的，有許多在假藏傳佛教裡面，都是屬於法王級、領袖級的人物，他轉身猛頭就批：「那又怎樣？你要知道，他們是以慈悲來救護眾生的。這都是他人的中傷，誹謗他們的伎倆。即使他們有作了什麼，必然有他們的不得已的苦衷！這些女信眾自己想要雙修，竟然最後還要出賣師父！」

等到有人說，藏密的祈福法會，所用的血肉祭祀，完全不如法，沒有一位佛菩薩會來，只有鬼神、兇惡的空行夜叉（男女）會來這啃食受用這動物的屍體、屍塊，他聽了就老大不高興，說：「你這樣誹謗藏傳佛教密宗，你會下地獄！」

等到有人說，藏密的火供根本是印度教瑜伽，不是清淨佛法修行，所以佛陀一開始就先降伏了迦葉三兄弟，他們都將火供的火具丟棄到河中，棄如敝屣，因此，火供是迷信。他聽了，可氣壞了，說：「你不懂，就不要亂說。

火供是很神聖的，你要亂說，諸佛菩薩會懲罰你！」

等到人家說，這些喇嘛喝酒喫肉，不守清規，這根本是違背釋迦牟尼佛的教導，他就猛然回嘴說：「你哪裡知道！古時候，托缽能夠得到什麼就吃什麼，哪裡分肉、不肉！」

當人家好心地說，但 佛陀在法會上，教導大家要有托缽的清規[107]，喫肉是不許的，若眞的有肉食，要先將肉挑出去，然後清洗乾淨，沒有肉味之後，剩下的菜才可以吃；如果是肉眞的太多了，是不能夠受缽的。他一火大，說：「要不要喫肉，你管得著嗎！反正，我的上師有密咒可以超度他們！」

等到人家說，這經典上明說，不能夠喫肉，這樣是妨礙修行的，這是眞正密教的《楞嚴經》所說的；因此說有「密咒」可以超度自身肚子所下去的肉，不過是自欺欺人。他最後眞的發火到不可收拾，說：「你給我小心一點！」

107《大般涅槃經》卷四〈4如來性品〉：「爾時迦葉復白佛言：「世尊！諸比丘、比丘尼、優婆塞、優婆夷，因他而活，若乞食時，得雜肉食，云何得食應清淨法？」佛言：「迦葉！當以水洗令與肉別，然後乃食；若其食器爲肉所汙，但使無味，聽用無罪；若見食中多有肉者，則不應受；一切現肉悉不應食，食者得罪。我今唱是斷肉之制，若廣說者則不可盡，涅槃時到，是故略說，是則名爲能隨問答。」(CBETA, T12, no. 374, p. 386)

也就是說，過去生的情執，會讓他今生和假藏傳佛教密宗一起共存亡。過去生所造的業，讓他看不清楚眞相，即使他知道許多的眞相與事實，他還是無法割捨對於藏密的這一分的袒護……。因此，當其他人在談論密宗的時候，如果有時候已經切中了密宗的要害，信受假藏傳佛教的你若是有智慧時，暫且不必生氣，也無須暴怒。要冷靜思惟：我到底是在學佛或者是學喇嘛教、學外道？究竟什麼才是 佛陀要告訴我們的道理？

佛陀創立了這世間的佛教，佛陀斷除了二障：煩惱障、所知障，一切事情無所不知；因此，不論密教是對與錯，都不會逃過 如來的佛眼；既然如此，如果簡擇後，發現了假藏傳佛教、密教有許多不可告人的秘密，是不是應該懂得轉身離開？如果卻反而因爲情執，想要拼命讓自己陷入這爭辯之中，來維護對自己學佛橫生障礙的假藏傳佛教，對自己也沒有任何的意義。

在 佛陀爲末世眾生顯示慈悲的眼淚，悲憫這群人的當下，也預記了無可挽回的重業惡道：最能夠撐的人，生生世世，熬不過這娑婆世界的最後一萬年的歲月，必定會於他未來輪迴的一百世之中，最後於僞佛菩薩的雙身像之前，進入密教的「無上瑜伽灌頂」雙身法的修行泥淖之中……。

佛陀殷切冀盼，希望一切有情都不要辜負祂的咐囑與叮嚀，否則再艱苦的修行，再多精進苦行的密咒唸誦，也難以抵擋 佛陀的「百世預記」！親愛的假藏傳佛教學人！你何苦要來淌這一場渾水？何苦要以自己的所見，來賭上自己可能無法挽回的未來無量世的人生？

你愛你的家人嗎？你一定不想讓喇嘛染指心愛的妻、女，那你更應該懸崖勒馬，否則當你繼續深入信仰假藏傳佛教以後，將來你會與藏密中的女性合修雙身法，你的女性眷屬會和喇嘛一起修煉「無上瑜伽」，同樣按照唐卡、曼荼羅、雙身像所繪製、雕塑一樣來性交樂空雙運。其實這還只是小事，最令人痛楚的是，未來還會繼續有無量無邊的三惡道苦果！阿彌陀佛！

最後要說的是，「鐘鼎山林，人各有志，不能相強」，宗喀巴已經死了幾百年，這「意識心是永恆的」謬說卻隨著《廣論》而流竄到台灣來；如是「曲終人未散」，攀附假藏傳佛教的癡心人一一各依本業本因，繼續和假藏傳佛教密宗上師「感動」相應糾纏，讓 佛陀的正教蒙上一層黑黝黝的污垢，也讓心志不定的台灣佛教僧侶心猿意馬，蹈入 佛陀的「百世地獄懸記」之中！已知眞相的智者，怎能忍心不言？

在此除了呼籲才剛踏入《廣論》道場的學人趕快離開之外，更希望已經修學《廣論》的人——您自己審愼簡擇，如果在看完了這本書之後，您開始從假藏傳佛教所編織的虛幻美夢中覺醒，了知眞相而失去了熱情，感到迷惘，失去了期待，那您就更應該以過來人的身分站出來大聲呼籲，來抵制印度教的瑜伽外道密教，讓宗喀巴、達賴喇嘛一脈相傳的男女雙修法在台灣停止蔓延！終止這惡質的婬樂之法繼續流竄！

既然大家也不想要修學男女性交的婬樂，不是更應該勇敢站出來斥責這依據「意識心」來作爲領受婬樂的根本的惡法嗎？不是也應該共同抵制這類電視節目，禁止它的重播，也抵制《廣論》的課程教學？否則，大家的袖手旁觀，將會讓我們的下一代面對不可知的未來！有智慧、也有慈悲的您，一定不願意看到未來的子民繼續陷入迷途之中，那請問您的最終抉擇是什麼？

《廣論》學人啊！您修學的底線，就是絕對不要涉入《菩提道次第廣論》後二章的止、觀；《廣論》的三士道本來就不是正確的佛法，但您至少不會因爲修學了後二章的止、觀，而迷迷糊糊進入密宗道，貽害自己無量世！您可要站出來讓一切法王、達賴喇嘛、班禪都承認這「男女雙修」法是錯誤的，是「歷史的錯誤造成的」，必須立刻捨棄；這就是您想要修學眞正佛教正法以及救護眾生所應負起的職責！然後，在這修學《廣論》的鬧劇結束之後，難道您還想讓自己的妻女繼續在這有名無實的假藏傳佛教的道場安住嗎？

跨入了二十一世紀這個新世紀，面對 佛陀在兩千五百年前就直接點名將會混進佛殿的外道，這時刻也該是假藏傳佛教正式摒棄「佛教」之名，而正名爲「喇嘛教」，舉手揮別，離開佛教的時候了！當初怎麼摸黑走進來，現在至少可以「回歸神聖的印度教性愛瑜伽」的光環，光明正大離開佛教，好聚好散！而喜歡喇嘛教的各台灣佛教寺院，也可以從此離開佛教，更名爲喇嘛廟，恢復喇嘛本質「亮麗的顏色」吧！祝福各位！後會有期！阿彌陀佛！

附錄：

宗喀巴之《密宗道次第廣論》卷十三、十四之簡易白話解釋（印度教性愛瑜伽之「即身成佛」大妄想篇）。

假藏傳佛教依據《時輪本釋》有十五次第灌頂，前七個灌頂都是水灌頂，都與佛法修行的實證無關；在水灌頂之上，有爲正式修行的密教行者而作的「瓶灌頂」，分兩階（各有四灌）：

第一階，喇嘛和一位明妃交合而射精，然後蒐集上師與明妃下體混合後的淫液給受密灌的信徒吃。再上一階的灌頂，則是由喇嘛與九位明妃次第性交，再蒐集全部淫液給受密灌的信徒吃；然後把全部或少至一位明妃交給受灌的信徒，依喇嘛剛才的示範，當場合修雙身法，喇嘛同時與其他的明妃繼續交合而繼續示範並同時教導；如是使用一位明妃或九位明妃的差別，和受密灌者的根器之不同——當然是由喇嘛依信徒的供養金及信受度來決定其根器。

弟子爲了要領受假藏傳佛教的無上瑜伽灌頂，應啓請上師；上師則觀想以心種子放光召入諸灌頂「佛」及明妃於虛空中交合，弟子以五甘露等而作供養得以「清淨，轉識成智」[108]。

水灌頂的要義，喇嘛觀想密教如來溶化於水，入於口中而爲灌頂；從自己的金剛尿道流出，住於喇嘛所觀想出來的明妃的蓮華（生殖器）陰蒂之中，最後轉變莊嚴而出生爲不動如來及明妃互相交合受樂。所觀想出來的這種如來明妃性交等至（達到性高潮），大貪溶化（射精出來而）灌入喇嘛頂門中，隨即向下流至喇嘛的金剛尿道而出生菩提心（射出精液於）陰蒂蓮華之上，觀想自己已經出生爲天身，以如是觀想而爲弟子作水灌頂。

再說更深入的兩階四灌頂次第：

第一灌——瓶灌頂：弟子先得受金剛三昧耶、鈴三昧耶、印三昧耶，觀想金剛薩埵和明妃抱持性交，成爲天父母之身，持鈴杵，手作抱持狀，從自心放光，迎請諸尊的金剛性交，由性器官尖端流注出水，作水灌頂；成就不動佛尊，而爲印定，入弟子身，證印三昧耶，作天父母狀，得金剛阿闍黎灌

108 這其實是不淨的，也不是佛教中證得妙觀察智等的轉識成智的內容，只是套用佛教名詞。

頂。以如是瓶灌頂的三昧耶，來灌注、灑淨、成就法器。

第二灌——密灌頂：弟子以幔帳隔成屏處，相信上師是金剛薩埵，奉獻即將受三昧耶的智慧母總共多至九位（簡稱九明），這些明妃是年滿十二或十六歲的容貌妙莊嚴的童女；若找不到童女時，可以自己的姊、妹、女兒、妻子，奉獻給喇嘛交合而爲自己灌頂。

上師喇嘛觀想自己轉成佛身，將女子觀成是天女身，進行金剛蓮華性交，而入等至（進入性高潮）。心間種子放光，召請密教大日如來（佛父）與佛母性交，再觀想密教大日如來化入自身中，大貪溶化變成精液，下降到了尿道金剛摩尼（龜頭），最後流入明妃的蓮花中，取出而爲弟子灌頂。

如是相信密教大日如來所化的和自身菩提心都是一樣，從蓮華女陰取出金剛精液，給弟子呑精。然而恐怕弟子親眼看見時不敢相信，故遮住受灌弟子的臉孔，安置精液於螺、盃之中，加上香水，假說「這是妙菩提心，爲你灌頂」，即將精液放入弟子口中。弟子此時應當觀想這是密教如來所授予，一口呑嚥而下！如是以佛父佛母下體菩提心密物精液灌頂，稱爲密灌頂。

第三灌——上師跟弟子說：你也要一起和這些明妃性交，來享受殊勝的妙樂，讓你產生性高潮。裸體的明妃也說：我的蓮花（性器官）具備一切安樂，作男女事，可得自在大樂！此時弟子要觀想自己爲天身，明妃爲天女，以坐姿來作互抱行淫之事，請密教的如來加持自身。

男性密教信徒的白菩提心（精液）流入金剛摩尼（龜頭）前端，生起性高潮大樂；這時要認知這種樂受本無形色故是空性，男女金剛蓮華性器官相合，大樂圓滿次第皆無所得故也是空；如是勝妙智慧出生，每日八時（十六個鐘頭）常保快樂而不與明妃的下體分離，名爲樂空雙運。如是日日、月月、年年、一整劫、千劫，要長時間繼續受此淫樂，認爲這樣繼續修下去，佛法智慧就會增廣。如是男女性交的俱生快樂智慧，菩提心精液到了性器官頂端，若能夠阻止不出，產生大樂而專心享受，無暇想起其他事情時就是無分別心，認爲能出生佛果而成爲佛教中的報身佛！

第四灌——由第三灌出生的了知如何引生大樂而又可以不洩精的智慧，再由上師喇嘛口授婬欲空性之理，最後現起大印天身，得七支成就，爲第四灌頂。成就佛身圓滿，與明妃而入性高潮等至，來攝受貪欲行的有情，盡未來際領受身心之大樂。第三灌頂之時要觀想自身顯現報身佛的身相，此後不離佛母（修密的女信徒），現身爲佛父佛母互抱持相，盡未來際所有大樂都無自性，這在《菩提道次第廣論》的止觀二章中隱說，而在《密宗道次第廣論》中明說的止觀雙運、樂空雙運就是第四灌！

如是上師喇嘛告訴弟子：「你已經修成三種金剛無分別身，於修樂空雙運圓滿次第而得自在，如是灌頂三昧耶的戒律中說：『必要時你可以殺害其他有情，將他人的女眷奪取過來，受用婬欲他人的女子；也可以行使一切取用偷盜，到處說妄語而達到與女人合修樂空雙運境界的目標，這樣做，你都不算是犯戒！』」這就是假藏傳佛教密宗最高領導者達賴喇嘛所說的「喇嘛們戒行都很清淨」的眞正意思。

傳授三禁行，其中明妃禁行：第四灌頂後，將明妃交付給弟子說：「諸佛作證，我將她授與你！若行者離開婬欲大樂三摩地，無任何法可成佛！因此不應捨離女人！這是一切諸佛無上明禁行，若有愚人捨離男女欲愛，永無大成就！」

金剛禁行：認定弟子爲金剛薩埵身，以菩提心精液爲金剛，此爲諸佛之禁行。行禁行的人，要唸咒加持於耳璫、項飾等裝飾。

這時上師喇嘛說：「你已經出離三有惡趣，成爲金剛薩埵佛，我爲汝授記了！」弟子便搖鈴讚歎及發願說：「這樣殊勝灌頂最爲無上，我要遍滿一切處，來轉這婬欲法輪，利益有情！」也就是將來必須**博愛**他所認識的一切女人。

上師說：「你今天在此壇場持咒續，諸佛菩薩悉證知你解脫一切罪，定爲三界法王，現成佛果！但你如果捨離貪慾，就會遠離三界；因此你不可捨棄貪欲，應當盡情受用男女行婬欲事，食五肉、五甘露，如是一切都沒有罪過。你不用擔心畏懼，不可違背這個三昧耶戒！一切諸佛菩薩會加持，你今日已經出生在佛家（成爲初地菩薩了）[109]！」以上是假藏傳佛教自己施設的妄想成佛之法。

如來的正說

如果透過幻想的觀想，也可以成佛，這其實只有密教的祖師寫出來的密續中才這樣說，一切佛經中都沒有這樣說；而且密宗這樣的成佛與佛教中說的成佛境界完全不同，卻與婆羅門教的性力派所說子孫生生不息的輪迴生死境界完全相同。

109「生在佛家」意爲進入初地聖位了。

釋迦如來在眞正的密教經典《大佛頂如來密因修證了義諸菩薩萬行首楞嚴經》如此開示：「阿難！如何是修行上的『攝心』呢？我明定爲攝受第八識金剛心如來藏爲『法戒』——攝心爲戒。任何一個世界的六道眾生，如果他的心不貪婬慾，便不會生死相續。」

「你修持三昧，本來的目的是要出離塵勞；然而婬心不除，永遠無法脫離塵世；縱然有殊勝智慧、禪定現前，如果不斷婬心，將來必定墮入魔道！上品是魔王、中品是魔民、下品則是魔女！當知：這樣諸魔，一樣是有徒眾，各各自說：已經成就無上道！」

「我釋迦如來示現滅度之後，在這個末法之中，多的是這樣的魔民，熾盛於世間，廣行貪婬，詐現爲善知識；使得眾生陷落於愛見的大坑，失去了眞正的菩提路！你將來教導世人修實相三摩地時，應該教導大眾先斷除心婬，是名如來先佛世尊第一決定的清淨教誨！」

「所以，阿難！如果不肯斷除婬心，來修禪定三昧，就好比是蒸煮沙石，想要變成飯，這樣即使經過百千劫，還只是個『熱沙』；爲什麼呢？因爲這本來就只是沙石，哪裡可以煮成飯呢！」

「你若以婬身，求證佛陀的清淨妙果，縱使可得到妙悟，皆是貪婬的根本！根本成婬，輪轉三途，必不能出！如來涅槃，何路修證？必定要使婬機、身體之行、心念等身口意行都一起斷除！連斷除的念都不必生起，如是和婬欲無有交涉，這樣佛菩提的修證才有可能！若是如我所說的一樣，名之為佛說！如果不如此說，就是魔王波旬所說！」

所以宗喀巴的終極性愛——「婬欲大貪之道」，只是傳承自印度婆羅門教男女性愛的無上瑜伽，既不能使人斷我見而證聲聞初果，也不能使人證得第八識阿賴耶識，更不能成為眞正的菩薩，根本沒有任何「佛道」的內涵可言！

請問你要相信離欲清淨的本師　釋迦牟尼佛？還是永遠貪著婬欲雙身法的密教的假大日如來？你要相信中國幾千年來的清淨僧侶所說的清淨佛法？還是這西藏大貪淫的大喇嘛宗喀巴所說的死後會下墮三途的婬欲法？

佛教正覺同修會〈修學佛道次第表〉

第一階段

＊以憶佛及拜佛方式修習動中定力。
＊學第一義佛法及禪法知見。
＊無相拜佛功夫成就。
＊具備一念相續功夫—動靜中皆能看話頭。
＊努力培植福德資糧，勤修三福淨業。

第二階段

＊參話頭，參公案。
＊開悟明心，一片悟境。
＊鍛鍊功夫求見佛性。
＊眼見佛性〈餘五根亦如是〉親見世界如幻，成就如幻觀。
＊學習禪門差別智。
＊深入第一義經典。
＊修除性障及隨分修學禪定。
＊修證十行位陽焰觀。

第三階段

＊學一切種智真實正理—楞伽經、解深密經、成唯識論…。
＊參究末後句。
＊解悟末後句。
＊透牢關—親自體驗所悟末後句境界，親見實相，無得無失。
＊救護一切衆生迴向正道。護持了義正法，修證十迴向位如夢觀。
＊發十無盡願，修習百法明門，親證猶如鏡像現觀。
＊修除五蓋，發起禪定。持一切善法戒。親證猶如光影現觀。
＊進修四禪八定、四無量心、五神通。進修大乘種智，求證猶如谷響現觀。

佛菩提二主要道次第概要表——二道並修，以外無別佛法

佛菩提道——大菩提道

十信位修集信心——一劫乃至一萬劫

資糧位

初住位修集布施功德（以財施爲主）。
二住位修集持戒功德。
三住位修集忍辱功德。
四住位修集精進功德。
五住位修集禪定功德。
六住位修集般若功德（熏習般若中觀及斷我見，加行位也）。

外門廣修六度萬行

遠波羅蜜多

七住位明心般若正觀現前，親證本來自性清淨涅槃。
八住位起於一切法現觀般若中道。漸除性障。
十住位眼見佛性，世界如幻觀成就。

見道位

一至十行位，於廣行六度萬行中，依般若中道慧，現觀陰處界猶如陽焰，至第十行滿心位，陽焰觀成就。

一至十迴向位熏習一切種智；修除性障，唯留最後一分思惑不斷。第十迴向滿心位成就菩薩道如夢觀。

內門廣修六度萬行

初地：第十迴向位滿心時，成就道種智一分（八識心王一一親證後，領受五法、三自性、七種第一義、七種性自性、二種無我法）復由勇發十無盡願，成通達位菩薩。復又永伏性障而不具斷，能證慧解脫而不取證，由大願故留惑潤生。此地主修法施波羅蜜多及百法明門。證「猶如鏡像」現觀，故滿初地心。

二地：初地功德滿足以後，再成就道種智一分而入二地；主修戒波羅蜜多及一切種智。滿心位成就「猶如光影」現觀，戒行自然清淨。

解脫道：二乘菩提

→ 斷三縛結，成初果解脫
→ 薄貪瞋癡，成二果解脫
→ 斷五下分結，成三果解脫

入地前的四加行令煩惱障現行悉斷，成四果解脫，留惑潤生。分段生死已斷，煩惱障習氣種子開始斷除，兼斷無始無明上煩惱。

近波羅蜜多 — 大波羅蜜多 — 圓滿波羅蜜多

修道位 — 究竟位

三地：二地滿心再證道種智一分，故入三地。此地主修忍波羅蜜多及四禪八定、四無量心、五神通。能成就俱解脫果而不取證，留惑潤生。滿心位成就「猶如谷響」現觀及無漏妙定意生身。

四地：由三地再證道種智一分故入四地。主修精進波羅蜜多，於此土及他方世界廣度有緣，無有疲倦。進修一切種智，滿心位成就「如水中月」現觀。

五地：由四地再證道種智一分故入五地。主修禪定波羅蜜多及一切種智，斷除下乘涅槃貪。滿心位成就「變化所成」現觀。

六地：由五地再證道種智一分故入六地。此地主修般若波羅蜜多——依道種智現觀十二因緣一一有支及意生身化身，皆自心眞如變化所現，「非有似有」，成就細相觀，不由加行而自然證得滅盡定，成俱解脫大乘無學。

七地：由六地「非有似有」現觀，再證道種智一分故入七地。此地主修一切種智及方便波羅蜜多，由重觀十二有支一一支中之流轉門及還滅門一切細相，成就方便善巧，念念隨入滅盡定。滿心位證得「如犍闥婆城」現觀。

八地：由七地極細相觀成就故再證道種智一分而入八地。此地主修一切種智及願波羅蜜多。至滿心位純無相觀任運恆起，故於相土自在，滿心位復證「如實覺知諸法相意生身」故。

九地：由八地再證道種智一分故入九地。主修力波羅蜜多及一切種智，成就四無礙，滿心位證得「種類俱生無行作意生身」。

十地：由九地再證道種智一分故入此地。此地主修一切種智——智波羅蜜多。滿心位起大法智雲，及現起大法智雲所含藏種種功德，成受職菩薩。

等覺：由十地道種智成就故入此地。此地應修一切種智，圓滿等覺地無生法忍；於百劫中修集極廣大福德，以之圓滿三十二大人相及無量隨形好。

妙覺：示現受生人間已斷盡煩惱障一切習氣種子，並斷盡所知障一切隨眠，永斷變易生死無明，成就大般涅槃，四智圓明。人間捨壽後，報身常住色究竟天利樂十方地上菩薩；以諸化身利樂有情，永無盡期，成就究竟佛道。

←七地滿心斷除故意保留之最後一分思惑時，煩惱障所攝色、受、想三陰有漏習氣種子同時斷盡。

煩惱障所攝行、識二陰無漏習氣種子任運漸斷，所知障所攝上煩惱任運漸斷。

←斷盡變易生死成就大般涅槃

佛子蕭平實 謹製
（二〇〇九、〇二 修訂）
（二〇一二、〇二 增補）

圓滿成就究竟佛果

佛教正覺同修會 共修現況 及 招生公告　2015/09/06

一、共修現況：（請在共修時間來電，以免無人接聽。）

台北正覺講堂 103 台北市承德路三段 277 號九樓　捷運淡水線圓山站旁
Tel..總機 02-25957295（晚上）（分機：九樓辦公室 10、11；知客櫃檯 12、13。 十樓知客櫃檯 15、16；書局櫃檯 14。 五樓辦公室 18；知客櫃檯 19。二樓辦公室 20；知客櫃檯 21。）
Fax..25954493

第一講堂　台北市承德路三段 277 號九樓

禪淨班：週一晚上班、週三晚上班、週四晚上班、週五晚上班、週六下午班、週六上午班（皆須報名建立學籍後始可參加共修，欲報名者詳見本公告末頁）

增上班：瑜伽師地論詳解：每月第一、三、五週之週末 17.50～20.50　平實導師講解（僅限已明心之會員參加）

禪門差別智：每月第一週日全天　平實導師主講（事冗暫停）。

佛藏經詳解　平實導師主講。已於 2013/12/17 開講，歡迎已發成佛大願的菩薩種性學人，攜眷共同參與此殊勝法會聽講。詳解 釋迦世尊於《佛藏經》中所開示的眞實義理，更爲今時後世佛子四眾，闡述佛陀演說此經的本懷。眞實尋求佛菩提道的有緣佛子，親承聽聞如是勝妙開示，當能如實理解經中義理，亦能了知於大乘法中：如何是諸法實相？善知識、惡知識要如何簡擇？如何才是清淨持戒？如何才能清淨說法？於此末法之世，眾生五濁益重，不知佛、不解法、不識僧，唯見表相，不信眞實，貪著五欲，諸方大師不淨說法，各各將導大量徒眾趣入三塗，如是師徒俱堪憐憫。是故，平實導師以大慈悲心，用淺白易懂之語句，佐以實例、譬喻而爲演說，普令聞者易解佛意，皆得契入佛法正道，如實了知佛法大藏。

此經中，對於實相念佛多所著墨，亦指出念佛要點：以實相爲依，念佛者應依止淨戒、依止清淨僧寶，捨離違犯重戒之師僧，應受學清淨之法，遠離邪見。本經是現代佛門大法師所厭惡之經典：一者由於大法師們已全都落入意識境界而無法親證實相，故於此經中所說實相全無所知，都不樂有人聞此經名，以免讀後提出問疑時無法回答；二者現代大乘佛法地區，已經普被藏密喇嘛教滲透，許多有名之大法師們大多已曾或繼續在修練雙身法，都已失去聲聞戒體及菩薩戒體，成爲地獄種姓人，已非眞正出家之人，本質只是身著僧衣而住在寺院中的世俗人。這些人對於此經都是讀不懂的，也是極爲厭惡的；他們尙不樂見此經之印行，何況流通與講解？今爲救護廣大學佛人，兼欲護持佛教血脈永續常傳，特選此經宣講之。每逢週二 18.50~20.50 開示，不限制聽講資格。會外人士需憑身分證件換證入內聽講（此是大樓管理處之安全規定，敬請見諒）。桃園、台中、台南、高雄等地講堂，亦於每週二晚上播放平實導師所講本經之 DVD，不必出示身分證件即可入內聽講，歡迎各地善信同霑法益。

第二講堂　台北市承德路三段 267 號十樓。

禪淨班：週一晚上班、週四晚上班、週六下午班。

進階班：週三晚上班、週五晚上班（禪淨班結業後轉入共修）。

佛藏經詳解：平實導師講解。每週二 18.50~20.50（影像音聲即時傳輸）。本會學員憑上課證進入聽講，會外學人請以身分證件換證進入聽講（此為大樓管理處安全管理規定之要求，敬請諒解）。

第三講堂　台北市承德路三段 277 號五樓。

進階班：週一晚上班、週三晚上班、週四晚上班、週五晚上班、週六下午班。

佛藏經詳解：平實導師講解。每週二 18.50~20.50（影像音聲即時傳輸）。本會學員憑上課證進入聽講，會外學人請以身分證件換證進入聽講（此為大樓管理處安全管理規定之要求，敬請諒解）。

第四講堂　台北市承德路三段 267 號二樓。

進階班：週三晚上班、週四晚上班（禪淨班結業後轉入共修）。

佛藏經詳解：平實導師講解。每週二 18.50~20.50（影像音聲即時傳輸）。本會學員憑上課證進入聽講，會外學人請以身分證件換證進入聽講（此為大樓管理處安全管理規定之要求，敬請諒解）。

第五、第六講堂　為**開放式講堂**，不需以身分證件換證即可進入聽講，台北市承德路三段 267 號地下一樓、地下二樓。已規劃整修完成，每逢週二晚上講經時段開放給會外人士自由聽經，請由大樓側面梯階逕行進入聽講。**聽講者請尊重講者的著作權及肖像權，請勿錄音錄影，以免違法；若有錄音錄影被查獲者，將依法處理。**

正覺祖師堂　大溪鎮美華里信義路 650 巷坑底 5 之 6 號（台 3 號省道 34 公里處 妙法寺對面斜坡道進入）電話 03-3886110　傳真 03-3881692 本堂供奉 克勤圓悟大師，專供會員每年四月、十月各二次精進禪三共修，兼作本會出家菩薩掛單常住之用。除禪三時間以外，每逢單月第一週之週日 9:00~17:00 開放會內、外人士參訪，當天並提供午齋結緣。教內共修團體或道場，得另申請其餘時間作團體參訪，務請事先與常住確定日期，以便安排常住菩薩接引導覽，亦免妨礙常住菩薩之日常作息及修行。

桃園正覺講堂（第一、第二講堂）：桃園市介壽路 286、288 號 10 樓（陽明運動公園對面）電話：03-3749363（請於共修時聯繫，或與台北聯繫）

禪淨班：週一晚上班、週三晚上班、週四晚上班、週五晚上班。

進階班：週六上午班、週五晚上班。

佛藏經詳解：平實導師講解 每逢週二晚上，以台北正覺講堂所錄 DVD 放映；歡迎會外學人共同聽講，不需出示身分證件。

新竹正覺講堂 新竹市東光路 55 號二樓之一　電話 03-5724297（晚上）

第一講堂：

禪淨班：週一晚上班、週三晚上班、週五晚上班、週六上午班。

進階班：週三晚上班、週四晚上班（由禪淨班結業後轉入共修）。

佛藏經詳解：平實導師講解，每週二晚上。以台北正覺講堂所錄 DVD 放映。歡迎會外學人共同聽講，不需出示身分證件。

第二講堂：

禪淨班：週三晚上班、週四晚上班。

佛藏經詳解：每週二晚上與第一講堂同時播放佛藏經詳解 DVD。

台中正覺講堂 04-23816090（晚上）

第一講堂 台中市南屯區五權西路二段 666 號 13 樓之四（國泰世華銀行樓上。鄰近縣市經第一高速公路前來者，由五權西路交流道可以快速到達，大樓旁有停車場，對面有素食館）。

禪淨班：週三晚上班、週四晚上班、週五晚上班、週六早上班。

進階班：週一晚上班（由禪淨班結業後轉入共修）。

增上班：單週週末以台北增上班課程錄成 DVD 放映之，限已明心之會員參加。

佛藏經詳解：平實導師講解。以台北正覺講堂所錄 DVD 放映。每週二晚上放映，歡迎會外學人共同聽講，不需出示身分證件。

第二講堂 台中市南屯區五權西路二段 666 號 4 樓

禪淨班：週一晚上班。

進階班：週五晚上班、週六早上班（由禪淨班結業後轉入共修）。

佛藏經詳解：每週二晚上與第一講堂同時播放佛藏經詳解 DVD。

第三講堂、第四講堂：台中市南屯區五權西路二段 666 號 4 樓。

嘉義正覺講堂 嘉義市友愛路 288 號八樓之一　電話：05–2318228

第一講堂：

禪淨班：預定 2014 /10/23 週四開課，歡迎報名參加共修。

佛藏經詳解：自 2014/10/28 起每週二晚上 18:50～20:50 播放台北講堂錄製的講經 DVD。

第二講堂 嘉義市友愛路 288 號八樓之二。

台南正覺講堂

第一講堂 台南市西門路四段 15 號 4 樓。06-2820541（晚上）

佛藏經詳解：平實導師講解。以台北正覺講堂所錄 DVD 放映。每週二晚上放映，歡迎會外學人共同聽講，不需出示身分證件。

禪淨班：週一晚上班、週三晚上班、週六下午班。

進階班：雙週週末下午班（由禪淨班結業後轉入共修）。

增上班：單週週末下午，以台北增上班課程錄成 DVD 放映之，限已明心之會員參加。

第二講堂　台南市西門路四段 15 號 3 樓。

佛藏經詳解：每週二晚上與第一講堂同時播放佛藏經詳解 DVD。

第三講堂　台南市西門路四段 15 號 3 樓。

佛藏經詳解：每週二晚上與第一講堂同時播放佛藏經詳解 DVD。

禪淨班：週四晚上班、週六晚上班。

進階班：週五晚上班、週六早上班（由禪淨班結業後轉入共修）。

高雄正覺講堂　高雄市新興區中正三路 45 號五樓 07-2234248（晚上）

第一講堂（五樓）：

佛藏經詳解：平實導師講解。以台北正覺講堂所錄 DVD 放映。每週二晚上放映，歡迎會外學人共同聽講，不需出示身分證件

禪淨班：週三晚上班、週四晚上班、週末上午班。

進階班：週一晚上班（由禪淨班結業後轉入共修）。

增上班：單週週末下午，以台北增上班課程錄成 DVD 放映之，限已明心之會員參加。

第二講堂（四樓）：

佛藏經詳解：每週二晚上與第一講堂同時播放佛藏經詳解 DVD。

禪淨班：週三晚上班、週四晚上班。

進階班：週四晚上班（由禪淨班結業後轉入共修）。

第三講堂（三樓）：（尚未開放使用）。

美國洛杉磯正覺講堂　☆**已遷移新址**☆

825 S. Lemon Ave Diamond Bar, CA 91798 U.S.A.

Tel. (909) 595-5222（請於週六 9:00~18:00 之間聯繫）

Cell. (626) 454-0607

禪淨班：每逢週末 15：30~17：30 上課。

進階班：每逢週末上午 10：00 上課。

佛藏經詳解：平實導師講解 以台北正覺講堂所錄 DVD，每週六下午放映(13：00~15：00)，歡迎各界人士共享第一義諦無上法益，不需報名。

香港正覺講堂　☆**另覓新址正在遷移中，暫停招收新學員**☆

二、招生公告　本會台北講堂及全省各講堂，每逢四月、十月中旬開新班，每週共修一次（每次二小時。開課日起三個月內仍可插班）；但美國洛杉磯共修處得隨時插班共修。各班共修期間皆爲二年半，欲參加者請向本會函索報名表（各共修處皆於共修時間方有人執事，非共修時間請勿電詢或前來洽詢、請書），或直接從成佛之道網站下載報名表。共修期滿時，若經報名禪三審核通過者，可參加四天三夜之禪三精進共修，有機會明心、取證如來藏，發起般若實相智慧，成爲實義菩薩，脫離凡夫菩薩位。

三、新春禮佛祈福 農曆年假期間停止共修：自農曆新年前七天起停止共修與弘法，正月 8 日起回復共修、弘法事務。新春期間正月初一～初七 9.00～17.00 開放台北講堂、大溪禪三道場（正覺祖師堂），方便會員供佛、祈福及會外人士請書。美國洛杉磯共修處之休假時間，請逕詢該共修處。

密宗四大派修雙身法，是外道性力派的邪法；又以生滅的識陰作為常住法，是常見外道，是假的藏傳佛教。

西藏覺囊巴以他空見弘揚第八識如來藏勝法，才是真藏傳佛教

佛教正覺同修會　弘法行事表　　2014/08/19

1、**禪淨班**　以無相念佛及拜佛方式修習動中定力，實證一心不亂功夫。傳授解脫道正理及第一義諦佛法，以及參禪知見。共修期間：二年六個月。每逢四月、十月開新班，詳見招生公告表。

2、**《佛藏經》詳解**　平實導師主講。已於 2013/12/17 開講，歡迎已發成佛大願的菩薩種性學人，攜眷共同參與此殊勝法會聽講。詳解釋迦世尊於《佛藏經》中所開示的眞實義理，更爲今時後世佛子四眾，闡述 佛陀演說此經的本懷。眞實尋求佛菩提道的有緣佛子，親承聽聞如是勝妙開示，當能如實理解經中義理，亦能了知於大乘法中：如何是諸法實相？善知識、惡知識要如何簡擇？如何才是清淨持戒？如何才能清淨說法？於此末法之世，眾生五濁益重，不知佛、不解法、不識僧，唯見表相，不信眞實，貪著五欲，諸方大師不淨說法，各各將導大量徒眾趣入三塗，如是師徒俱堪憐憫。是故，平實導師以大慈悲心，用淺白易懂之語句，佐以實例、譬喻而爲演說，普令聞者易解佛意，皆得契入佛法正道，如實了知佛法大藏。每逢週二 18.50~20.50 開示，不限制聽講資格。會外人士需憑身分證件換證入內聽講（此是大樓管理處之安全規定，敬請見諒）。桃園、新竹、台中、台南、高雄等地講堂，亦於每週二晚上播放平實導師講經之 DVD，不必出示身分證件即可入內聽講，歡迎各地善信同霑法益。

有某道場專弘淨土法門數十年，於教導信徒研讀《佛藏經》時，往往告誡信徒曰：「**後半部不許閱讀。**」由此緣故坐令信徒失去提升念佛層次之機緣，師徒只能低品位往生淨土，令人深覺愚癡無智。由有多人建議故，平實導師開始宣講《佛藏經》，藉以轉易如是邪見，並提升念佛人之知見與往生品位。此經中，對於實相念佛多所著墨，亦指出念佛要點：**以實相爲依，念佛者應依止淨戒、依止清淨僧寶，捨離違犯重戒之師僧，應受學清淨之法，遠離邪見。**本經是現代佛門大法師所厭惡之經典：**一者由於大法師們已全都落入意識境界而無法親證實相，故於此經中所說實相全無所知，都不樂有人聞此經名，以免讀後提出問疑時無法回答；二者現代大乘佛法地區，已經普被藏密喇嘛教滲透，許多有名之大法師們大多已曾或繼續在修練雙身法，都已失去聲聞戒體及菩薩戒體，成爲地獄種姓人，已非眞正出家之人，本質上只是身著僧衣而住在寺院中的世俗人。**這些人對於此經都是讀不懂的，也是極爲厭惡的；他們尙不樂見此經之印行，何況流通與講解？今爲救護廣大學佛人，兼欲護持佛教血脈永續常傳，特選此經宣講之，主講者平實導師。

3、**瑜伽師地論**詳解　詳解論中所言凡夫地至佛地等 17 師之修證境界與理論，從凡夫地、聲聞地……宣演到諸地所證一切種智之眞實正理。由平實導師開講，每逢一、三、五週之週末晚上開示，僅限已明心之會員參加。

4、**精進禪三**　主三和尚：平實導師。於四天三夜中，以克勤圓悟大師及大慧宗杲之禪風，施設機鋒與小參、公案密意之開示，幫助會員剋期取證，親證不生不滅之眞實心——人人本有之如來藏。每年四月、十月各舉辦二個梯次；平實導師主持。僅限本會會員參加禪淨班共修期滿，報名審核通過者，方可參加。並選擇會中定力、慧力、福德三條件皆已具足之已明心會員，給以指引，令得眼見自己無形無相之佛性遍佈山河大地，眞實而無障礙，得以肉眼現觀世界身心悉皆如幻，具足成就如幻觀，圓滿十住菩薩之證境。

5、**阿含經**詳解　選擇重要之阿含部經典，依無餘涅槃之實際而加以詳解，令大眾得以現觀諸法緣起性空，亦復不墮斷滅見中，顯示經中所隱說之涅槃實際—如來藏—確實已於四阿含中隱說；令大眾得以聞後觀行，確實斷除我見乃至我執，證得**見到**眞現觀，乃至**身證**……等眞現觀；已得大乘或二乘見道者，亦可由此聞熏及聞後之觀行，除斷我所之貪著，成就慧解脫果。由平實導師詳解。不限制聽講資格。

6、**大法鼓經**詳解　詳解末法時代大乘佛法修行之道。佛教正法消毒妙藥塗於大鼓而以擊之，凡有眾生聞之者，一切邪見鉅毒悉皆消殞；此經即是大法鼓之正義，凡聞之者，所有邪見之毒悉皆滅除，見道不難；亦能發起菩薩無量功德，是故諸大菩薩遠從諸方佛土來此娑婆聞修此經。由平實導師詳解。不限制聽講資格。

7、**解深密經**詳解　重講本經之目的，在於令諸已悟之人明解大乘法道之成佛次第，以及悟後進修一切種智之內涵，確實證知三種自性性，並得據此證解七眞如、十眞如等正理。每逢週二 18.50~20.50 開示，由平實導師詳解。將於《大法鼓經》講畢後開講。不限制聽講資格。

8、**成唯識論**詳解　詳解一切種智眞實正理，詳細剖析一切種智之微細深妙廣大正理；並加以舉例說明，使已悟之會員深入體驗所證如來藏之微密行相；及證驗見分相分與所生一切法，皆由如來藏—阿賴耶識—直接或展轉而生，因此證知一切法無我，證知無餘涅槃之本際。將於增上班《瑜伽師地論》講畢後，由平實導師重講。僅限已明心之會員參加。

9、**精選如來藏系經典**詳解　精選如來藏系經典一部，詳細解說，以此完全印證會員所悟如來藏之眞實，得入不退轉住。另行擇期詳細解說之，由平實導師講解。僅限已明心之會員參加。

10、**禪門差別智**　藉禪宗公案之微細淆訛難知難解之處，加以宣說及剖析，以增進明心、見性之功德，啓發差別智，建立擇法眼。每月第一週日全天，由平實導師開示，僅限破參明心後，復又眼見佛性者參加（事冗暫停）。

11、**枯木禪**　先講智者大師的《小止觀》，後說《釋禪波羅蜜》，詳解四禪八定之修證理論與實修方法，細述一般學人修定之邪見與岔路，及對禪定證境之誤會，消除枉用功夫、浪費生命之現象。已悟般若者，可以藉此而實修初禪，進入大乘通教及聲聞教的三果心解脫境界，配合應有的大福德及後得無分別智、十無盡願，即可進入初地心中。親教師：平實導師。未來緣熟時將於大溪正覺寺開講。不限制聽講資格。

註：本會例行年假，自 2004 年起，改爲每年農曆新年前七天開始停息弘法事務及共修課程，農曆正月 8 日回復所有共修及弘法事務。新春期間（每日 9.00~17.00）開放台北講堂，方便會員禮佛祈福及會外人士請書。大溪鎮的正覺祖師堂，開放參訪時間，詳見〈正覺電子報〉或成佛之道網站。本表得因時節因緣需要而隨時修改之，不另作通知。

佛教正覺同修會　贈閱書籍 目錄　2015/06/03

1.**無相念佛**　平實導師著　回郵10元
2.**念佛三昧修學次第**　平實導師述著　回郵25元
3.**正法眼藏—護法集**　平實導師述著　回郵35元
4.**真假開悟簡易辨正法&佛子之省思**　平實導師著　回郵3.5元
5.**生命實相之辨正**　平實導師著　回郵10元
6.**如何契入念佛法門**（附：印順法師否定極樂世界）平實導師著　回郵3.5元
7.**平實書箋**—答元覽居士書　平實導師著　回郵35元
8.**三乘唯識**—如來藏系經律彙編　平實導師編　回郵80元
（精裝本　長27㎝　寬21㎝　高7.5㎝　重2.8公斤）
9.**三時繫念全集**—修正本　回郵掛號40元（長26.5㎝×寬19㎝）
10.**明心與初地**　平實導師述　回郵3.5元
11.**邪見與佛法**　平實導師述著　回郵20元
12.**菩薩正道**—回應義雲高、釋性圓…等外道之邪見　正燦居士著　回郵20元
13.**甘露法雨**　平實導師述　回郵20元
14.**我與無我**　平實導師述　回郵20元
15.**學佛之心態**—修正錯誤之學佛心態始能與正法相應　孫正德老師著　回郵35元
附錄：平實導師著**《略說八、九識並存…等之過失》**
16.**大乘無我觀**—《悟前與悟後》別說　平實導師述著　回郵20元
17.**佛教之危機**—中國台灣地區現代佛教之真相（附錄：公案拈提六則）
平實導師著　回郵25元
18.**燈　影**—燈下黑（覆「求教後學」來函等）　平實導師著　回郵35元
19.**護法與毀法**—覆上平居士與徐恒志居士網站毀法二文
張正圜老師著　回郵35元
20.**淨土聖道**—兼評選擇本願念佛　正德老師著　**由正覺同修會購贈**　回郵25元
21.**辨唯識性相**—對「紫蓮心海《辯唯識性相》書中否定阿賴耶識」之回應
正覺同修會 台南共修處法義組 著　回郵25元
22.**假如來藏**—對法蓮法師《如來藏與阿賴耶識》書中否定阿賴耶識之回應
正覺同修會 台南共修處法義組 著　回郵35元
23.**入不二門**—公案拈提集錦 第一輯（於平實導師公案拈提諸書中選錄約二十則，
合輯爲一冊流通之）平實導師著　回郵20元
24.**真假邪說**—西藏密宗索達吉喇嘛《破除邪說論》真是邪說
釋正安法師著　回郵35元
25.**真假開悟**—真如、如來藏、阿賴耶識間之關係　平實導師述著　回郵35元
26.**真假禪和**—辨正釋傳聖之謗法謬說　孫正德老師著　回郵30元

27.**眼見佛性**—駁慧廣法師眼見佛性的含義文中謬說

游正光老師著　回郵25元

28.**普門自在**—公案拈提集錦 第二輯（於平實導師公案拈提諸書中選錄約二十則，合輯爲一冊流通之）平實導師著　回郵25元

29.**印順法師的悲哀**—以現代禪的質疑為線索　恒毓博士著　回郵25元

30.**識蘊真義**—現觀識蘊內涵、取證初果、親斷三縛結之具體行門。

—依《成唯識論》及《唯識述記》正義，略顯安慧《大乘廣五蘊論》之邪謬

平實導師著　回郵35元

31.**正覺電子報** 各期紙版本　免附回郵　每次最多函索三期或三本。

（已無存書之較早各期，不另增印贈閱）

32.**現代人應有的宗教觀**　蔡正禮老師 著　回郵3.5元

33.**遠惑趣道**—正覺電子報般若信箱問答錄　第一輯　回郵20元

34.**遠惑趣道**—正覺電子報般若信箱問答錄　第二輯　回郵20元

35.**確保您的權益**—器官捐贈應注意自我保護　游正光老師 著　回郵10元

36.**正覺教團電視弘法三乘菩提 DVD 光碟（一）**

由正覺教團多位親教師共同講述錄製 DVD 8 片，MP3 一片，共 9 片。有二大講題：一爲「三乘菩提之意涵」，二爲「學佛的正知見」。內容精闢，深入淺出，精彩絕倫，幫助大眾快速建立三乘法道的正知見，免被外道邪見所誤導。有志修學三乘佛法之學人不可不看。（製作工本費 100 元，回郵 25 元）

37.**正覺教團電視弘法 DVD 專輯（二）**

總有二大講題：一爲「三乘菩提之念佛法門」，一爲「學佛正知見（第二篇）」，由正覺教團多位親教師輪番講述，內容詳細闡述如何修學念佛法門、實證念佛三昧，以及學佛應具有的正確知見，可以幫助發願往生西方極樂淨土之學人，得以把握往生，更可令學人快速建立三乘法道的正知見，免於被外道邪見所誤導。有志修學三乘佛法之學人不可不看。（一套 17 片，工本費 160 元。回郵 35 元）

38.**佛藏經** 燙金精裝本　每冊回郵 20 元。正修佛法之道場欲大量索取者，請正式發函並蓋用大印寄來索取（2008.04.30 起開始敬贈）

39.**喇嘛性世界**—揭開假藏傳佛教譚崔瑜伽的面紗　張善思 等人合著

由正覺同修會購贈　回郵20元

40.**假藏傳佛教的神話**—性、謊言、喇嘛教　張正玄教授編著　回郵20元

由正覺同修會購贈　回郵20元

41.**隨　緣**—理隨緣與事隨緣　平實導師述　回郵20元。

42.**學佛的覺醒**　正枝居士 著　回郵25元

43.**導師之真實義**　蔡正禮老師 著　回郵10元

44.**淺談達賴喇嘛之雙身法**—兼論解讀「密續」之達文西密碼

吳明芷居士 著　回郵10元

45.**魔界轉世**　張正玄居士 著　回郵10元

46.**一貫道與開悟**　蔡正禮老師 著　回郵10元

47.**博愛**—愛盡天下女人　正覺教育基金會 編印　回郵10元

48.**意識虛妄經教彙編**—實證解脫道的關鍵經文　正覺同修會編印　回郵25元
49.**邪箭囈語**—破斥藏密外道多識仁波切《破魔金剛箭雨論》之邪說
陸正元老師著　上、下冊回郵各30元
50.**真假沙門**—依 佛聖教闡釋佛教僧寶之定義
蔡正禮老師著　俟正覺電子報連載後結集出版
51.**真假禪宗**—藉評論釋性廣《印順導師對變質禪法之批判
及對禪宗之肯定》以顯示真假禪宗
附論一：凡夫知見 無助於佛法之信解行證
附論二：世間與出世間一切法皆從如來藏實際而生而顯
余正偉老師著　俟正覺電子報連載後結集出版　回郵未定
52.**假鋒虛焰金剛乘**—揭示顯密正理，兼破索達吉師徒《般若鋒兮金剛焰》。
釋正安 法師著　俟正覺電子報連載後結集出版

★ 上列贈書之郵資，係台灣本島地區郵資，大陸、港、澳地區及外國地區，請另計酌增（大陸、港、澳、國外地區之郵票不許通用）。尚未出版之書，請勿先寄來郵資，以免增加作業煩擾。

★ 本目錄若有變動，唯於後印之書籍及「成佛之道」網站上修正公佈之，不另行個別通知。

函索書籍請寄：佛教正覺同修會　103台北市承德路3段277號9樓
台灣地區函索書籍者請附寄郵票，無時間購買郵票者可以等值現金抵用，但不接受郵政劃撥、支票、匯票。大陸地區得以人民幣計算，國外地區請以美元計算（請勿寄來當地郵票，在台灣地區不能使用）。欲以掛號寄遞者，請另附掛號郵資。

親自索閱：正覺同修會各共修處。　★請於共修時間前往取書，餘時無人在道場，請勿前往索取；共修時間與地點，詳見書末正覺同修會共修現況表（以近期之共修現況表為準）。

註：正智出版社發售之局版書，請向各大書局購閱。若書局之書架上已經售出而無陳列者，請向書局櫃台指定洽購；若書局不便代購者，請於正覺同修會共修時間前往各共修處請購，正智出版社已派人於共修時間送書前往各共修處流通。 郵政劃撥購書及 大陸地區 購書，請詳別頁正智出版社發售書籍目錄最後頁之說明。

成佛之道 網站：http://www.a202.idv.tw　正覺同修會已出版之結緣書籍，多已登載於 成佛之道 網站，若住外國、或住處遙遠，不便取得正覺同修會贈閱書籍者，可以從本網站閱讀及下載。　書局版之《宗通與說通》亦已上網，台灣讀者可向書局洽購，成本價 200 元。《狂密與眞密》第一輯~第四輯，亦於 2003.5.1.全部於本網站登載完畢；台灣地區讀者請向書局洽購，每輯約400頁，賠本流通價140元（網站下載紙張費用較貴，容易散失，難以保存，亦較不精美）。

＊＊假藏傳佛教修雙身法，非佛教＊＊

正智出版社 籌募弘法基金發售書籍目錄 2015/7/15

1.**宗門正眼**—公案拈提 第一輯 重拈　平實導師著　500 元

因重寫內容大幅度增加故，字體必須改小，並增爲 576 頁 主文 546 頁。比初版更精彩、更有內容。初版《禪門摩尼寶聚》之讀者，可寄回本公司免費調換新版書。免附回郵，亦無截止期限。（2007 年起，每冊附贈本公司精製公案拈提〈超意境〉CD 一片。市售價格 280 元，多購多贈。）

2.**禪淨圓融**　平實導師著　200 元（第一版舊書可換新版書。）

3.**真實如來藏**　平實導師著　400 元

4.**禪—悟前與悟後**　平實導師著　上、下冊，每冊 250 元

5.**宗門法眼**—公案拈提 第二輯　平實導師著　500 元
（2007 年起，每冊附贈本公司精製公案拈提〈超意境〉CD 一片）

6.**楞伽經詳解**　平實導師著　全套共 10 輯　每輯 250 元

7.**宗門道眼**—公案拈提 第三輯　平實導師著　500 元
（2007 年起，每冊附贈本公司精製公案拈提〈超意境〉CD 一片）

8.**宗門血脈**—公案拈提 第四輯　平實導師著　500 元
（2007 年起，每冊附贈本公司精製公案拈提〈超意境〉CD 一片）

9.**宗通與說通**—成佛之道 平實導師著 主文 381 頁 全書 400 頁售價 300 元

10.**宗門正道**—公案拈提 第五輯　平實導師著　500 元
（2007 年起，每冊附贈本公司精製公案拈提〈超意境〉CD 一片）

11.**狂密與真密 一～四輯**　平實導師著　西藏密宗是人間最邪淫的宗教，本質不是佛教，只是披著佛教外衣的印度教性力派流毒的喇嘛教。此書中將西藏密宗密傳之男女雙身合修樂空雙運所有祕密與修法，毫無保留完全公開，並將全部喇嘛們所不知道的部分也一併公開。內容比大辣出版社喧騰一時的《西藏慾經》更詳細。並且函蓋藏密的所有祕密及其錯誤的中觀見、如來藏見……等，藏密的所有法義都在書中詳述、分析、辨正。每輯主文三百餘頁　每輯全書約 400 頁　售價每輯 300 元

12.**宗門正義**—公案拈提 第六輯　平實導師著　500 元
（2007 年起，每冊附贈本公司精製公案拈提〈超意境〉CD 一片）

13.**心經密意**—心經與解脫道、佛菩提道、祖師公案之關係與密意　平實導師述　300 元

14.**宗門密意**—公案拈提 第七輯　平實導師著　500 元
（2007 年起，每冊附贈本公司精製公案拈提〈超意境〉CD 一片）

15.**淨土聖道**—兼評「選擇本願念佛」　正德老師著　200 元

16.**起信論講記**　平實導師述著　共六輯　每輯三百餘頁　售價各 250 元

17.**優婆塞戒經講記**　平實導師述著 共八輯 每輯三百餘頁 售價各 250 元

18.**真假活佛**—略論附佛外道盧勝彥之邪說（對前岳靈犀網站主張「盧勝彥是證悟者」之修正）　正犀居士（岳靈犀）著　流通價 140 元

19.**阿含正義**—唯識學探源　平實導師著　共七輯　每輯 300 元

20.**超意境** CD 以平實導師公案拈提書中超越意境之頌詞，加上曲風優美的旋律，錄成令人嚮往的超意境歌曲，其中包括正覺發願文及平實導師親自譜成的黃梅調歌曲一首。詞曲雋永，殊堪翫味，可供學禪者吟詠，有助於見道。內附設計精美的彩色小冊，解說每一首詞的背景本事。每片 280 元。【每購買公案拈提書籍一冊，即贈送一片。】

21.**菩薩底憂鬱** CD 將菩薩情懷及禪宗公案寫成新詞，並製作成超越意境的優美歌曲。 1.主題曲〈菩薩底憂鬱〉，描述地後菩薩能離三界生死而迴向繼續生在人間，但因尚未斷盡習氣種子而有極深沈之憂鬱，非三賢位菩薩及二乘聖者所知，此憂鬱在七地滿心位方才斷盡；本曲之詞中所說義理極深，昔來所未曾見；此曲係以優美的情歌風格寫詞及作曲，聞者得以激發嚮往諸地菩薩境界之大心，詞、曲都非常優美，難得一見；其中勝妙義理之解說，已印在附贈之彩色小冊中。 2.以各輯公案拈提中直示禪門入處之頌文，作成各種不同曲風之超意境歌曲，值得玩味、參究；聆聽公案拈提之優美歌曲時，請同時閱讀內附之印刷精美說明小冊，可以領會超越三界的證悟境界；未悟者可以因此引發求悟之意向及疑情，眞發菩提心而邁向求悟之途，乃至因此眞實悟入般若，成眞菩薩。 3.正覺總持咒新曲，總持佛法大意；總持咒之義理，已加以解說並印在隨附之小冊中。本 CD 共有十首歌曲，長達 63 分鐘。每盒各附贈二張購書優惠券。每片 280 元。

22.**禪意無限** CD 平實導師以公案拈提書中偈頌寫成不同風格曲子，與他人所寫不同風格曲子共同錄製出版，幫助參禪人進入禪門超越意識之境界。盒中附贈彩色印製的精美解說小冊，以供聆聽時閱讀，令參禪人得以發起參禪之疑情，即有機會證悟本來面目而發起實相智慧，實證大乘菩提般若，能如實證知般若經中的眞實意。本 CD 共有十首歌曲，長達 69 分鐘，每盒各附贈二張購書優惠券。每片 280 元。

23.**我的菩提路**第一輯　釋悟圓、釋善藏等人合著　售價 300 元

24.**我的菩提路**第二輯　郭正益、張志成等人合著　售價 300 元

25.**鈍鳥與靈龜**—考證後代凡夫對大慧宗杲禪師的無根誹謗。

平實導師著 共 458 頁 售價 350 元

26.**維摩詰經講記** 平實導師述 共六輯 每輯三百餘頁 售價各 250 元

27.**真假外道**—破劉東亮、杜大威、釋證嚴常見外道見　正光老師著　200 元

28.**勝鬘經講記**—兼論印順《勝鬘經講記》對於《勝鬘經》之誤解。

平實導師述　共六輯　每輯三百餘頁　售價250 元

29.**楞嚴經講記** 平實導師述 共 **15** 輯，每輯三百餘頁 售價 300 元

30.**明心與眼見佛性**—駁慧廣〈蕭氏「眼見佛性」與「明心」之非〉文中謬說

正光老師著　共 448 頁　售價 300 元

31.**見性與看話頭** 黃正倖老師 著，本書是禪宗參禪的方法論。

內文 375 頁，全書 416 頁，售價 300 元。

32.**達賴真面目**—玩盡天下女人 白正偉老師 等著 中英對照彩色精裝大本 800 元

33.**喇嘛性世界**—揭開假藏傳佛教譚崔瑜伽的面紗　張善思 等人著　200 元
34.**假藏傳佛教的神話**—性、謊言、喇嘛教　正玄教授編著　200 元
35.**金剛經宗通**　平實導師述　共九輯　每輯售價 250 元。
36.**空行母**—性別、身分定位，以及藏傳佛教。
珍妮·坎貝爾著 呂艾倫 中譯 售價 250 元
37.**末代達賴**—性交教主的悲歌　張善思、呂艾倫、辛燕編著 售價 250 元
38.**霧峰無霧**—給哥哥的信　辨正釋印順對佛法的無量誤解
游宗明 老師著　售價 250 元
39.**第七意識與第八意識？**—穿越時空「超意識」
平實導師述　每冊 300 元
40.**黯淡的達賴**—失去光彩的諾貝爾和平獎
正覺教育基金會編著　每冊 250 元
41.**童女迦葉考**—論呂凱文〈佛教輪迴思想的論述分析〉之謬。
平實導師 著 定價 180 元
42.**人間佛教**—實證者必定不悖三乘菩提
平實導師 述，定價 400 元
43.**實相經宗通**　平實導師述　共八輯　每輯 250 元
2014 年 1 月 31 日出版第一輯，每二個月出版一輯
44.**真心告訴您**—達賴喇嘛在幹什麼？
正覺教育基金會編著　售價 250 元
45.**中觀金鑑**—詳述應成派中觀的起源與其破法本質
孫正德老師著　分爲上、中、下三冊，每冊 250 元
46.**佛法入門**—迅速進入三乘佛法大門，消除久學佛法漫無方向之窘境。
○○居士著　將於正覺電子報連載後出版。售價 250 元
47.**藏傳佛教要義**—《狂密與真密》之簡體字版　平實導師 著 上、下冊
僅在大陸流通　每冊 300 元
48.**法華經講義**　平實導師述　共二十五輯　每輯 300 元
已於 2015/05/31 起開始出版，每二個月出版一輯
49.**西藏「活佛轉世」制度**—附佛、造神、世俗法
許正豐、張正玄老師合著　定價 150 元
50.**廣論之平議**—宗喀巴《菩提道次第廣論》之平議　正雄居士著
約二或三輯　俟正覺電子報連載後結集出版　書價未定
51.**末法導護**—對印順法師中心思想之綜合判攝　正慶老師著　書價未定
52.**菩薩學處**—菩薩四攝六度之要義　陸正元老師著　出版日期未定。
53.**八識規矩頌**詳解　○○居士 註解　出版日期另訂　書價未定。
54.**印度佛教史**—法義與考證。依法義史實評論印順《印度佛教思想史、佛教史地考論》之謬說　正偉老師著　出版日期未定　書價未定
55.**中國佛教史**—依中國佛教正法史實而論。○○老師 著　書價未定。
56.**中論正義**—釋龍樹菩薩《中論》頌正理。
孫正德老師著　出版日期未定　書價未定

57.**中觀正義**—註解平實導師《中論正義頌》。
○○法師（居士）著　出版日期未定　書價未定
58.**佛藏經講記**　平實導師述　出版日期未定　書價未定
59.**阿含經講記**—將選錄四阿含中數部重要經典全經講解之，講後整理出版。
平實導師述　約二輯　每輯300元　出版日期未定
60.**寶積經講記**　平實導師述　每輯三百餘頁　優惠價300元　出版日期未定
61.**解深密經講記**　平實導師述　約四輯　將於重講後整理出版
62.**成唯識論略解**　平實導師著　五～六輯　每輯300元　出版日期未定
63.**修習止觀坐禪法要講記**　平實導師述　每輯三百餘頁
將於正覺寺建成後重講、以講記逐輯出版　出版日期未定
64.**無門關**—《無門關》公案拈提　平實導師著　出版日期未定
65.**中觀再論**—兼述印順《中觀今論》謬誤之平議。正光老師著　出版日期未定
66.**輪迴與超度**—佛教超度法會之真義。
○○法師（居士）著　出版日期未定　書價未定
67.**《釋摩訶衍論》平議**—對偽稱龍樹所造《釋摩訶衍論》之平議
○○法師（居士）著　出版日期未定　書價未定
68.**正覺發願文**註解—以真實大願為因　得證菩提
正德老師著　出版日期未定　書價未定
69.**正覺總持咒**—佛法之總持　正圜老師著　出版日期未定　書價未定
70.**涅槃**—論四種涅槃　平實導師著　出版日期未定　書價未定
71.**三自性**—依四食、五蘊、十二因緣、十八界法，說三性三無性。
作者未定　出版日期未定
72.**道品**—從三自性說大小乘三十七道品　作者未定　出版日期未定
73.**大乘緣起觀**—依四聖諦七真如現觀十二緣起　作者未定　出版日期未定
74.**三德**—論解脫德、法身德、般若德。　作者未定　出版日期未定
75.**真假如來藏**—對印順《如來藏之研究》謬說之平議　作者未定　出版日期未定
76.**大乘道次第**　作者未定　出版日期未定　書價未定
77.**四緣**—依如來藏故有四緣。　作者未定　出版日期未定
78.**空之探究**—印順《空之探究》謬誤之平議　作者未定　出版日期未定
79.**十法義**—論阿含經中十法之正義　作者未定　出版日期未定
80.**外道見**—論述外道六十二見　作者未定　出版日期未定

正智出版社有限公司書籍介紹

禪淨圓融：言淨土諸祖所未曾言，示諸宗祖師所未曾示；禪淨圓融，另闢成佛捷徑，兼顧自力他力，闡釋淨土門之速行易行道，亦同時揭櫫聖教門之速行易行道；令廣大淨土行者得免緩行難證之苦，亦令聖道門行者得以藉著淨土速行道而加快成佛之時劫。乃前無古人之超勝見地，非一般弘揚禪淨法門典籍也，先讀爲快。平實導師著 200元。

宗門正眼—**公案拈提**第一輯：繼承克勤圜悟大師碧巖錄宗旨之禪門鉅作。先則舉示當代大法師之邪說，消弭當代禪門大師鄉愿之心態，摧破當今禪門「世俗禪」之妄談；次則旁通教法，表顯宗門正理；繼以道之次第，消弭古今狂禪；後藉言語及文字機鋒，直示宗門入處。悲智雙運，禪味十足，數百年來難得一睹之禪門鉅著也。平實導師著 500元（原初版書《禪門摩尼寶聚》，改版後補充爲五百餘頁新書，總計多達二十四萬字，內容更精彩，並改名爲《宗門正眼》，讀者原購初版《禪門摩尼寶聚》皆可寄回本公司免費換新，免附回郵，亦無截止期限）（2007年起，凡購買公案拈提第一輯至第七輯，每購一輯皆贈送本公司精製公案拈提〈超意境〉CD一片，市售價格280元，多購多贈）。

禪—悟前與悟後：本書能建立學人悟道之信心與正確知見，圓滿具足而有次第地詳述禪悟之功夫與禪悟之內容，指陳參禪中細微淆訛之處，能使學人明自眞心、見自本性。若未能悟入，亦能以正確知見辨別古今中外一切大師究係眞悟？或屬錯悟？便有能力揀擇，捨名師而選明師，後時必有悟道之緣。一旦悟道，遲者七次人天往返，便出三界，速者一生取辦。學人欲求開悟者，不可不讀。平實導師著。上、下冊共500元，單冊250元。

真實如來藏：如來藏眞實存在，乃宇宙萬有之本體，並非印順法師、達賴喇嘛等人所說之「唯有名相、無此心體」。如來藏是涅槃之本際，是一切有智之人竭盡心智、不斷探索而不能得之生命實相；是古今中外許多大師自以爲悟而當面錯過之生命實相。如來藏即是阿賴耶識，乃是一切有情本自具足、不生不滅之眞實心。當代中外大師於此書出版之前所未能言者，作者於本書中盡情流露、詳細闡釋。眞悟者讀之，必能增益悟境、智慧增上；錯悟者讀之，必能檢討自己之錯誤，免犯大妄語業；未悟者讀之，能知參禪之理路，亦能以之檢查一切名師是否眞悟。此書是一切哲學家、宗教家、學佛者及欲昇華心智之人必讀之鉅著。　平實導師著　售價400元。

宗門法眼—**公案拈提**第二輯：列舉實例，闡釋土城廣欽老和尚之悟處；並直示這位不識字的老和尚妙智橫生之根由，繼而剖析禪宗歷代大德之開悟公案，解析當代密宗高僧卡盧仁波切之錯悟證據，並例舉當代顯宗高僧、大居士之錯悟證據（凡健在者，爲免影響其名聞利養，皆隱其名）。藉辨正當代名師之邪見，向廣大佛子指陳禪悟之正道，彰顯宗門法眼。悲勇兼出，強捋虎鬚；慈智雙運，巧探驪龍；摩尼寶珠在手，直示宗門入處，禪味十足；若非大悟徹底，不能爲之。禪門精奇人物，允宜人手一冊，供作參究及悟後印證之圭臬。本書於2008年4月改版，增寫為大約500頁篇幅，以利學人研讀參究時更易悟入宗門正法，以前所購初版首刷及初版二刷舊書，皆可免費換取新書。平實導師著 500元（2007年起，凡購買公案拈提第一輯至第七輯，每購一輯皆贈送本公司精製公案拈提〈超意境〉CD一片，市售價格280元，多購多贈）。

宗門道眼—**公案拈提**第三輯：繼宗門法眼之後，再以金剛之作略、慈悲之胸懷、犀利之筆觸，舉示寒山、拾得、布袋三大士之悟處，消弭當代錯悟者對於寒山大士……等之誤會及誹謗。亦舉出民初以來與虛雲和尚齊名之蜀郡鹽亭袁煥仙夫子——南懷瑾老師之師，其「悟處」何在？並蒐羅許多眞悟祖師之證悟公案，顯示禪宗歷代祖師之睿智，指陳部分祖師、奧修及當代顯密大師之謬悟，作爲殷鑑，幫助禪子建立及修正參禪之方向及知見。假使讀者閱此書已，一時尚未能悟，亦可一面加功用行，一面以此宗門道眼辨別眞假善知識，避開錯誤之印證及歧路，可免大妄語業之長劫慘痛果報。欲修禪宗之禪者，務請細讀。平實導師著 售價500元（2007年起，凡購買公案拈提第一輯至第七輯，每購一輯皆贈送本公司精製公案拈提〈超意境〉CD一片，市售價格280元，多購多贈）。

楞伽經詳解：本經是禪宗見道者印證所悟眞僞之根本經典，亦是禪宗見道者悟後起修之依據經典；故達摩祖師於印證二祖慧可大師之後，將此經典連同佛缽祖衣一併交付二祖，令其依此經典佛示金言、進入修道位，修學一切種智。由此可知此經對於眞悟之人修學佛道，是非常重要之一部經典。此經能破外道邪說，亦破佛門中錯悟名師之謬說，亦破禪宗部分祖師之狂禪：不讀經典、一向主張「一悟即成究竟佛」之謬執。並開示愚夫所行禪、觀察義禪、攀緣如禪、如來禪等差別，令行者對於三乘禪法差異有所分辨；亦糾正禪宗祖師古來對於如來禪之誤解，嗣後可免以訛傳訛之弊。此經亦是法相唯識宗之根本經典，禪者悟後欲修一切種智而入初地者，必須詳讀。 平實導師著，全套共十輯，已全部出版完畢，每輯主文約320頁，每冊約352頁，定價250元。

宗門血脈—**公案拈提**第**四**輯：末法怪象—許多修行人自以爲悟，每將無念靈知認作眞實；崇尚二乘法諸師及其徒眾，則將**外於如來藏之緣起性空**—無因論之無常空、斷滅空、一切法空—錯認爲佛所說之般若空性。這兩種現象已於當今海峽兩岸及美加地區顯密大師之中普遍存在；人人自以爲悟，心高氣壯，便敢寫書解釋祖師證悟之公案，大多出於意識思惟所得，言不及義，錯誤百出，因此誤導廣大佛子同陷大妄語之地獄業中而不能自知。彼等書中所說之悟處，其實處處違背第一義經典之聖言量。彼等諸人不論是否身披袈裟，都非佛法宗門血脈，或雖有禪宗法脈之傳承，亦只徒具形式；猶如螟蛉，非眞血脈，未悟得根本眞實故。禪子欲知佛、祖之眞血脈者，請讀此書，便知分曉。平實導師著，主文452頁，全書464頁，定價500元（2007年起，凡購買公案拈提第一輯至第七輯，每購一輯皆贈送本公司精製公案拈提〈超意境〉CD一片，市售價格280元，多購多贈）。

宗通與說通：古今中外，錯誤之人如麻似粟，每以常見外道所說之靈知心，認作眞心；或妄想虛空之勝性能量爲眞如，或錯認物質四大元素藉冥性（靈知心本體）能成就吾人色身及知覺，或認初禪至四禪中之了知心爲不生不滅之涅槃心。此等皆非通宗者之見地。復有錯悟之人一向主張「宗門與教門不相干」，此即尚未通達宗門之人也。其實宗門與教門互通不二，宗門所證者乃是眞如與佛性，教門所說者乃說宗門證悟之眞如佛性，故教門與宗門不二。本書作者以宗教二門互通之見地，細說「宗通與說通」，從初見道至悟後起修之道、細說分明；並將諸宗諸派在整體佛教中之地位與次第，加以明確之教判，學人讀之即可了知佛法之梗概也。欲擇明師學法之前，允宜先讀。平實導師著，主文共381頁，全書392頁，只售成本價300元。

宗門正道—**公案拈提**第五輯：修學大乘佛法有二果須證解脫果及大菩提果。二乘人不證大菩提果，唯證解脫果；此果之智慧，名爲聲聞菩提、緣覺菩提。大乘佛子所證二果之菩提果爲佛菩提，故名大菩提果，其慧名爲一切種智函蓋二乘解脫果。然此大乘二果修證，須經由禪宗之宗門證悟方能相應。而宗門證悟極難，自古已然；其所以難者，咎在古今佛教界普遍存在三種邪見：1.以修定認作佛法，2.以無因論之緣起性空—否定涅槃本際如來藏以後之一切法空作爲佛法，3.以常見外道邪見（離語言妄念之靈知性）作爲佛法。如是邪見，或因自身正見未立所致，或因邪師之邪教導所致，或因無始劫來虛妄熏習所致。若不破除此三種邪見，永劫不悟宗門眞義、不入大乘正道，唯能外門廣修菩薩行。平實導師於此書中，有極爲詳細之說明，有志佛子欲摧邪見、入於內門修菩薩行者，當閱此書。主文共496頁，全書512頁。售價500元（2007年起，凡購買公案拈提第一輯至第七輯，每購一輯皆贈送本公司精製公案拈提〈超意境〉CD一片，市售價格280元，多購多贈）。

狂密與眞密：密教之修學，皆由有相之觀行法門而入，其最終目標仍不離顯教經典所說第一義諦之修證；若離顯教第一義經典、或違背顯教第一義經典，即非佛教。西藏密教之觀行法，如灌頂、觀想、遷識法、寶瓶氣、大聖歡喜雙身修法、喜金剛、無上瑜伽、大樂光明、樂空雙運等，皆是印度教**兩性生生不息思想之轉化，自始至終**皆以**如何能運用交合淫樂之法達到全身受樂**爲其中心思想，純屬欲界五欲的貪愛，不能令人超出欲界輪迴，更不能令人斷除我見；何況大乘之明心與見性，更無論矣！故密宗之法絕非佛法也。而其明光大手印、大圓滿法教，又皆同以常見外道所說**離語言妄念之無念靈知心**錯認爲佛地之眞如，不能直指不生不滅之眞如。西藏密宗所有法王與徒眾，都尚未開頂門眼，不能辨別眞僞，以**依人不依法、依密續不依經典**故，不肯將其上師喇嘛所說對照第一義經典，純依密續之藏密祖師所說爲準，因此而誇大其證德與證量，動輒謂彼祖師上師爲究竟佛、爲地上菩薩；如今台海兩岸亦有自謂其師證量高於 釋迦文佛者，然觀其師所述，猶未見道，仍在觀行即佛階段，尚未到禪宗相似即佛、分證即佛階位，竟敢標榜爲究竟佛及地上法王，誑惑初機學人。凡此怪象皆是狂密，不同於眞密之修行者。近年狂密盛行，密宗行者被誤導者極眾，動輒自謂已證佛地眞如，自視爲究竟佛，陷於大妄語業中而不知自省，反謗顯宗眞修實證者之證量粗淺；或如義雲高與釋性圓…等人，於報紙上公然誹謗眞實證道者爲「騙子、無道人、人妖、癩蛤蟆…」等，造下誹謗大乘勝義僧之大惡業；或以外道法中有爲有作之甘露、魔術……等法，誑騙初機學人，狂言彼外道法爲眞佛法。如是怪象，在西藏密宗及附藏密之外道中，不一而足，舉之不盡，學人宜應慎思明辨，以免上當後又犯毀破菩薩戒之重罪。密宗學人若欲遠離邪知邪見者，請閱此書，即能了知密宗之邪謬，從此遠離邪見與邪修，轉入眞正之佛道。

平實導師著 共四輯 每輯約400頁（主文約340頁）每輯售價300元。

宗門正義—公案拈提第六輯：佛教有六大危機，乃是藏密化、世俗化、膚淺化、學術化、宗門密意失傳、悟後進修諸地之次第混淆；其中尤以宗門密意之失傳，爲當代佛教最大之危機。由宗門密意失傳故，易令世尊本懷普被錯解，易令 世尊正法被轉易爲外道法，以及加以淺化、世俗化，是故宗門密意之廣泛弘傳與具緣佛弟子，極爲重要。然而欲令宗門密意之廣泛弘傳予具緣之佛弟子者，必須同時配合錯誤知見之解析、普令佛弟子知之，然後輔以公案解析之直示入處，方能令具緣之佛弟子悟入。而此二者，皆須以公案拈提之方式爲之，方易成其功、竟其業，是故平實導師續作宗門正義一書，以利學人。全書500餘頁，售價500元（2007年起，凡購買公案拈提第一輯至第七輯，每購一輯皆贈送本公司精製公案拈提〈超意境〉CD一片，市售價格280元，多購多贈）。

心經密意—心經與解脫道、佛菩提道、祖師公案之關係與密意。二乘菩提所證之解脫道，實依第八識心之斷除煩惱障現行而立解脫之名；大乘菩提所證之佛菩提道，實依親證第八識如來藏之涅槃性、清淨自性、及其中道性而立般若之名；禪宗祖師公案所證之眞心，即是此第八識如來藏；是故三乘佛法所修所證之三乘菩提，皆依此如來藏心而立名也。此第八識心，即是《心經》所說之心也。證得此如來藏已，即能漸入大乘佛菩提道，亦可因證知此心而了知二乘無學所不能知之無餘涅槃本際，是故《心經》之密意，與三乘佛菩提之關係極爲密切、不可分割，三乘佛法皆依此心而立名故。今者平實導師以其所證解脫道之無生智及佛菩提之般若種智，將《心經》與解脫道、佛菩提道、祖師公案之關係與密意，以演講之方式，用淺顯之語句和盤托出，發前人所未言，呈三乘菩提之眞義，令人藉此《心經密意》一舉而窺三乘菩提之堂奧，迥異諸方言不及義之說；欲求眞實佛智者、不可不讀！主文317頁，連同跋文及序文…等共384頁，售價300元。

宗門密意—公案拈提第七輯：佛教之世俗化，將導致學人以信仰作爲學佛，則將以感應及世間法之庇祐，作爲學佛之主要目標，不能了知學佛之主要目標爲親證三乘菩提。大乘菩提則以般若實相智慧爲主要修習目標，以二乘菩提解脫道爲附帶修習之標的；是故學習大乘法者，應以禪宗之證悟爲要務，能親入大乘菩提之實相般若智慧中故，般若實相智慧非二乘聖人所能知故。此書則以台灣世俗化佛教之三大法師，說法似是而非之實例，配合眞悟祖師之公案解析，提示證悟般若之關節，令學人易得悟入。平實導師著，全書五百餘頁，售價500元（2007年起，凡購買公案拈提第一輯至第七輯，每購一輯皆贈送本公司精製公案拈提〈超意境〉CD一片，市售價格280元，多購多贈）。

淨土聖道—兼評日本本願念佛：佛法甚深極廣，般若玄微，非諸二乘聖僧所能知之，一切凡夫更無論矣！所謂一切證量皆歸淨土是也！是故大乘法中「聖道之淨土、淨土之聖道」，其義甚深，難可了知；乃至眞悟之人，初心亦難知也。今有正德老師眞實證悟後，復能深探淨土與聖道之緊密關係，憐憫眾生之誤會淨土實義，亦欲利益廣大淨土行人同入聖道，同獲淨土中之聖道門要義，乃振奮心神、書以成文，今得刊行天下。主文279頁，連同序文等共301頁，總有十一萬六千餘字，正德老師著，成本價200元。

起信論講記：詳解大乘起信論**心生滅門**與**心眞如門**之眞實意旨，消除以往大師與學人對起信論所說**心生滅門**之誤解，由是而得了知眞心如來藏之非常非斷中道正理；亦因此一講解，令此論以往隱晦而被誤解之眞實義，得以如實顯示，令大乘佛菩提道之正理得以顯揚光大；初機學者亦可藉此正論所顯示之法義，對大乘法理生起正信，從此得以眞發菩提心，眞入大乘法中修學，世世常修菩薩正行。平實導師演述，共六輯，都已出版，每輯三百餘頁，售價250元。

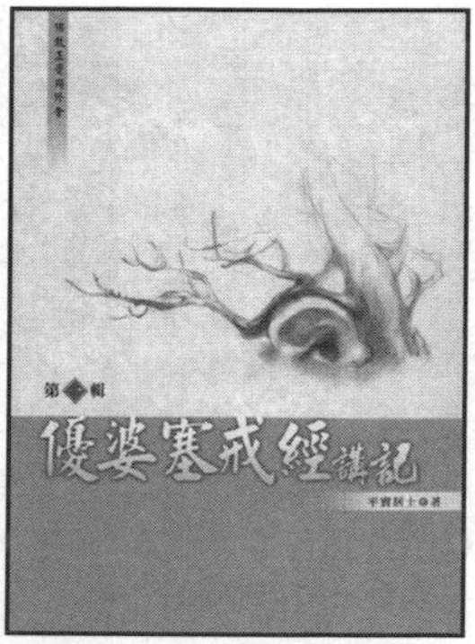

優婆塞戒經講記：本經詳述在家菩薩修學大乘佛法，應如何受持菩薩戒？對人間善行應如何看待？對三寶應如何護持？應如何正確地修集此世後世證法之福德？應如何修集後世「行菩薩道之資糧」？並詳述第一義諦之正義：五蘊非我非異我、自作自受、異作異受、不作不受……等深妙法義，乃是修學大乘佛法、行菩薩行之在家菩薩所應當了知者。出家菩薩今世或未來世登地已，捨報之後多數將如華嚴經中諸大菩薩，以在家菩薩身而修行菩薩行，故亦應以此經所述正理而修之，配合《楞伽經、解深密經、楞嚴經、華嚴經》等道次第正理，方得漸次成就佛道；故此經是一切大乘行者皆應證知之正法。平實導師講述，每輯三百餘頁，售價各250元；共八輯，已全部出版。

真假活佛——略論附佛外道盧勝彥之邪說：人人身中都有眞活佛，永生不滅而有大神用，但眾生都不了知，所以常被身外的西藏密宗假活佛籠罩欺瞞。本來就眞實存在的眞活佛，才是眞正的密宗無上密！諾那活佛因此而說禪宗是大密宗，但藏密的所有活佛都不知道、也不曾實證自身中的眞活佛。本書詳實宣示眞活佛的道理，舉證盧勝彥的「佛法」不是眞佛法，也顯示盧勝彥是假活佛，直接的闡釋第一義佛法見道的眞實正理。眞佛宗的所有上師與學人們，都應該詳細閱讀，包括盧勝彥個人在內。正犀居士著，優惠價140元。

阿含正義——唯識學探源：廣說四大部《阿含經》諸經中隱說之眞正義理，一一舉示佛陀本懷，令阿含時期初轉法輪根本經典之眞義，如實顯現於佛子眼前。並提示末法大師對於阿含眞義誤解之實例，一一比對之，證實唯識增上慧學確於原始佛法之阿含諸經中已隱覆密意而略說之，證實 世尊確於原始佛法中已曾密意而說第八識如來藏之總相；亦證實 世尊在四阿含中已說此藏識是名色十八界之因、之本—證明如來藏是能生萬法之根本心。佛子可據此修正以往受諸大師（譬如西藏密宗應成派中觀師：印順、昭慧、性廣、大願、達賴、宗喀巴、寂天、月稱、……等人）誤導之邪見，建立正見，轉入正道乃至親證初果而無困難；書中並詳說三果所證的**心解脫**，以及四果**慧解脫**的親證，都是如實可行的具體知見與行門。全書共七輯，已出版完畢。平實導師著，每輯三百餘頁，售價300元。

超意境CD：以平實導師公案拈提書中超越意境之頌詞，加上曲風優美的旋律，錄成令人嚮往的超意境歌曲，其中包括正覺發願文及平實導師親自譜成的黃梅調歌曲一首。詞曲雋永，殊堪翫味，可供學禪者吟詠，有助於見道。內附設計精美的彩色小冊，解說每一首詞的背景本事。每片280元。【每購買公案拈提書籍一冊，即贈送一片。】

鈍鳥與靈龜：鈍鳥及靈龜二物，被宗門證悟者說爲二種人：前者是精修禪定而無智慧者，也是以定爲禪的愚癡禪人；後者是或有禪定、或無禪定的宗門證悟者，凡已證悟者皆是靈龜。但後來被人虛造事實，用以嘲笑大慧宗杲禪師，說他雖是靈龜，卻不免被天童禪師預記「患背」痛苦而亡：「鈍鳥離巢易，靈龜脫殼難。」藉以貶低大慧宗杲的證量。同時將天童禪師實證如來藏的證量，曲解爲意識境界的離念靈知。自從大慧禪師入滅以後，錯悟凡夫對他的不實毀謗就一直存在著，不曾止息，並且捏造的假事實也隨著年月的增加而越來越多，終至編成「鈍鳥與靈龜」的假公案、假故事。本書是考證大慧與天童之間的不朽情誼，顯現這件假公案的虛妄不實；更見大慧宗杲面對惡勢力時的正直不阿，亦顯示大慧對天童禪師的至情深義，將使後人對大慧宗杲的誣謗至此而止，不再有人誤犯毀謗賢聖的惡業。書中亦舉證宗門的所悟確以第八識如來藏爲標的，詳讀之後必可改正以前被錯悟大師誤導的參禪知見，日後必定有助於實證禪宗的開悟境界，得階大乘眞見道位中，即是實證般若之賢聖。全書459頁，售價350元。

我的菩提路第一輯：凡夫及二乘聖人不能實證的佛菩提證悟，末法時代的今天仍然有人能得實證，由正覺同修會釋悟圓、釋善藏法師等二十餘位實證如來藏者所寫的見道報告，已爲當代學人見證宗門正法之絲縷不絕，證明大乘義學的法脈仍然存在，爲末法時代求悟般若之學人照耀出光明的坦途。由二十餘位大乘見道者所繕，敘述各種不同的學法、見道因緣與過程，參禪求悟者必讀。全書三百餘頁，售價300元。

我的菩提路第二輯：由郭正益老師等人合著，書中詳述彼等諸人歷經各處道場學法，一一修學而加以檢擇之不同過程以後，因閱讀正覺同修會、正智出版社書籍而發起抉擇分，轉入正覺同修會中修學；乃至學法及見道之過程，都一一詳述之。其中張志成等人係由前現代禪轉進正覺同修會，張志成原爲現代禪副宗長，以前未閱本會書籍時，曾被人藉其名義著文評論 平實導師（詳見《宗通與說通》辨正及《眼見佛性》書末附錄…等）；後因偶然接觸正覺同修會書籍，深覺以前聽人評論平實導師之語不實，於是投入極多時間閱讀本會書籍、深入思辨，詳細探索中觀與唯識之關聯與異同，認爲正覺之法義方是正法，深覺相應；亦解開多年來對佛法的迷雲，確定應依八識論正理修學方是正法。乃不顧面子，毅然前往正覺同修會面見平實導師懺悔，並正式學法求悟。今已與其同修王美伶（亦爲前現代禪傳法老師），同樣證悟如來藏而證得法界實相，生起實相般若眞智。此書中尚有七年來本會第一位眼見佛性者之見性報告一篇，一同供養大乘佛弟子。全書共四百頁，售價300元。

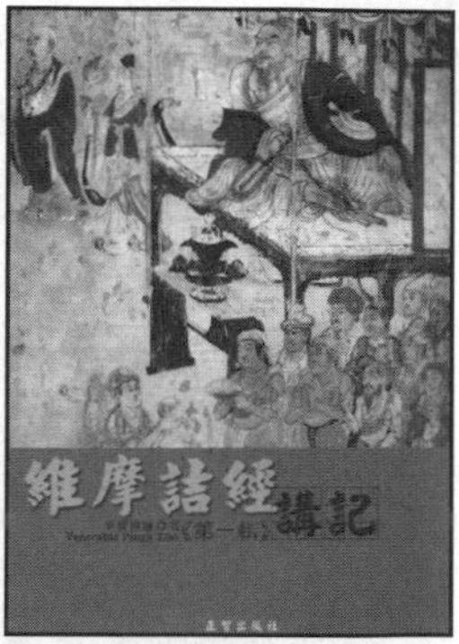

維摩詰經講記：本經係 世尊在世時，由等覺菩薩維摩詰居士藉疾病而演說之大乘菩提無上妙義，所說函蓋甚廣，然極簡略，是故今時諸方大師與學人讀之悉皆錯解，何況能知其中隱含之深妙正義，是故普遍無法爲人解說；若強爲人說，則成依文解義而有諸多過失。今由平實導師公開宣講之後，詳實解釋其中密意，令維摩詰菩薩所說大乘不可思議解脫之深妙正法得以正確宣流於人間，利益當代學人及與諸方大師。書中詳實演述大乘佛法深妙不共二乘之智慧境界，顯示諸法之中絕待之實相境界，建立大乘菩薩妙道於永遠不敗不壞之地，以此成就護法偉功，欲冀永利娑婆人天。已經宣講圓滿整理成書流通，以利諸方大師及諸學人。全書共六輯，每輯三百餘頁，售價各250元。

真假外道：本書具體舉證佛門中的常見外道知見實例，並加以教證及理證上的辨正，幫助讀者輕鬆而快速的了知常見外道的錯誤知見，進而遠離佛門內外的常見外道知見，因此即能改正修學方向而快速實證佛法。游正光老師著。成本價200元。

勝鬘經講記：如來藏爲三乘菩提之所依，若離如來藏心體及其含藏之一切種子，即無三界有情及一切世間法，亦無二乘菩提緣起性空之出世間法；本經詳說無始無明、一念無明皆依如來藏而有之正理，藉著詳解煩惱障與所知障間之關係，令學人深入了知二乘菩提與佛菩提相異之妙理；聞後即可了知佛菩提之特勝處及三乘修道之方向與原理，邁向攝受正法而速成佛道的境界中。平實導師講述，共六輯，每輯三百餘頁，售價各250元。

楞嚴經講記：楞嚴經係密教部之重要經典，亦是顯教中普受重視之經典；經中宣說明心與見性之內涵極爲詳細，將一切法都會歸如來藏及佛性—妙眞如性；亦闡釋佛菩提道修學過程中之種種魔境，以及外道誤會涅槃之狀況，旁及三界世間之起源。然因言句深澀難解，法義亦復深妙寬廣，學人讀之普難通達，是故讀者大多誤會，不能如實理解佛所說之明心與見性內涵，亦因是故多有悟錯之人引爲開悟之證言，成就大妄語罪。今由平實導師詳細講解之後，整理成文，以易讀易懂之語體文刊行天下，以利學人。全書十五輯，全部出版完畢。每輯三百餘頁，售價每輯300元。

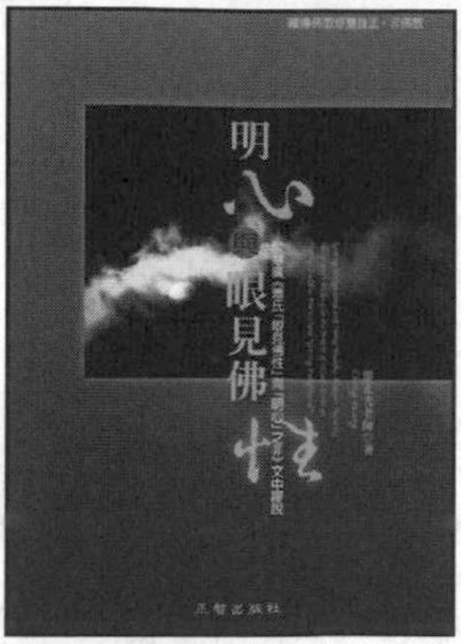

明心與眼見佛性：本書細述明心與眼見佛性之異同，同時顯示了中國禪宗破初參明心與重關眼見佛性二關之間的關聯；書中又藉法義辨正而旁述其他許多勝妙法義，讀後必能遠離佛門長久以來積非成是的錯誤知見，令讀者在佛法的實證上有極大助益。也藉慧廣法師的謬論來教導佛門學人回歸正知正見，遠離古今禪門錯悟者所墮的意識境界，非唯有助於斷我見，也對未來的開悟明心實證第八識如來藏有所助益，是故學禪者都應細讀之。游正光老師著　共448頁　售價300元。

菩薩底憂鬱CD將菩薩情懷及禪宗公案寫成新詞，並製作成超越意境的優美歌曲。1.主題曲〈菩薩底憂鬱〉，描述地後菩薩能離三界生死而迴向繼續生在人間，但因尚未斷盡習氣種子而有極深沈之憂鬱，非三賢位菩薩及二乘聖者所知，此憂鬱在七地滿心位方才斷盡；本曲之詞中所說義理極深，昔來所未曾見；此曲係以優美的情歌風格寫詞及作曲，聞者得以激發嚮往諸地菩薩境界之大心，詞、曲都非常優美，難得一見；其中勝妙義理之解說，已印在附贈之彩色小冊中。2.以各輯公案拈提中直示禪門入處之頌文，作成各種不同曲風之超意境歌曲，值得玩味、參究；聆聽公案拈提之優美歌曲時，請同時閱讀內附之印刷精美說明小冊，可以領會超越三界的證悟境界；未悟者可以因此引發求悟之意向及疑情，眞發菩提心而邁向求悟之途，乃至因此眞實悟入般若，成眞菩薩。3.正覺總持咒新曲，總持佛法大意；總持咒之義理，已加以解說並印在隨附之小冊中。本CD共有十首歌曲，長達63分鐘，附贈二張購書優惠券。每片280元。

禪意無限CD平實導師以公案拈提書中偈頌寫成不同風格曲子，與他人所寫不同風格曲子共同錄製出版，幫助參禪人進入禪門超越意識之境界。盒中附贈彩色印製的精美解說小冊，以供聆聽時閱讀，令參禪人得以發起參禪之疑情，即有機會證悟本來面目，實證大乘菩提般若。本CD共有十首歌曲，長達69分鐘，每盒各附贈二張購書優惠券。每片280元。

金剛經宗通：三界唯心，萬法唯識，是成佛之修證內容，是諸地菩薩之所修；般若則是成佛之道（實證三界唯心、萬法唯識）的入門，若未證悟實相般若，即無成佛之可能，必將永在外門廣行菩薩六度，永在凡夫位中。然而實相般若的發起，全賴實證萬法的實相；若欲證知萬法的眞相，則必須探究萬法之所從來，則須實證自心如來—金剛心如來藏，然後現觀這個金剛心的金剛性、眞實性、如如性、清淨性、涅槃性、能生萬法的自性性、本住性，名爲證眞如；進而現觀三界六道唯是此金剛心所成，人間萬法須藉八識心王和合運作方能現起。如是實證《華嚴經》的「三界唯心、萬法唯識」以後，由此等現觀而發起實相般若智慧，繼續進修第十住位的如幻觀、第十行位的陽焰觀、第十迴向位的如夢觀，再生起增上意樂而勇發十無盡願，方能滿足三賢位的實證，轉入初地；自知成佛之道而無偏倚，從此按部就班、次第進修乃至成佛。第八識自心如來是般若智慧之所依，般若智慧的修證則要從實證金剛心自心如來開始；《金剛經》則是解說自心如來之經典，是一切三賢位菩薩所應進修之實相般若經典。這一套書，是將平實導師宣講的《金剛經宗通》內容，整理成文字而流通之；書中所說義理，迥異古今諸家依文解義之說，指出大乘見道方向與理路，有益於禪宗學人求開悟見道，及轉入內門廣修六度萬行。講述完畢後結集出版，總共9輯，每輯約三百餘頁，售價各250元。

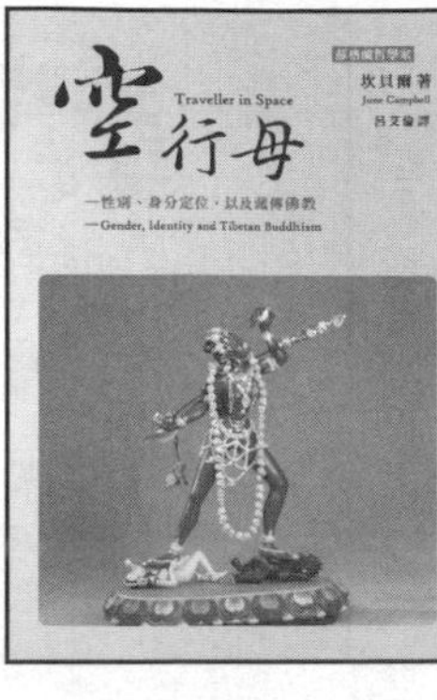

空行母——性別、身分定位，以及藏傳佛教：本書作者為蘇格蘭哲學家，因為嚮往佛教深妙的哲學內涵，於是進入當年盛行於歐美的假藏傳佛教密宗，擔任卡盧仁波切的翻譯工作多年以後，被邀請成為卡盧的空行母（又名佛母、明妃），開始了她在密宗裡的實修過程；後來發覺在密宗雙身法中的修行，其實無法使自己成佛，也發覺密宗對女性岐視而處處貶抑，並剝奪女性在雙身法中擔任一半角色時應有的身分定位。當她發覺自己只是雙身法中被喇嘛利用的工具，沒有獲得絲毫應有的尊重與基本定位時，發現了密宗的父權社會控制女性的本質；於是作者傷心地離開了卡盧仁波切與密宗，但是卻被恐嚇不許講出她在密宗裡的經歷，也不許她說出自己對密宗的教義與教制下對女性剝削的本質，否則將被咒殺死亡。後來她去加拿大定居，十餘年後方才擺脫這個恐嚇陰影，下定決心將親身經歷的實情及觀察到的事實寫下來並且出版，公諸於世。出版之後，她被流亡的達賴集團人士大力攻訐，誣指她為精神狀態失常、說謊……等。但有智之士並未被達賴集團的政治操作及各國政府政治運作吹捧達賴的表相所欺，使她的書銷售無阻而又再版。正智出版社鑑於作者此書是親身經歷的事實，所說具有針對「藏傳佛教」而作學術研究的價值，也有使人認清假藏傳佛教剝削佛母、明妃的男性本位實質，因此洽請作者同意中譯而出版於華人地區。珍妮·坎貝爾女士著，呂艾倫 中譯，每冊250元。

霧峰無霧——給哥哥的信：本書作者藉兄弟之間信件往來論義，略述佛法大義；並以多篇短文辨義，舉出釋印順對佛法的無量誤解證據，並一一給予簡單而清晰的辨正，令人一讀即知。久讀、多讀之後即能認清楚釋印順的六識論見解，與真實佛法之牴觸是多麼嚴重；於是在久讀、多讀之後，於不知不覺之間提升了對佛法的極深入理解，正知正見就在不知不覺間建立起來了。當三乘佛法的正知見建立起來之後，對於三乘菩提的見道條件便將隨之具足，於是聲聞解脫道的見道也就水到渠成；接著大乘見道的因緣也將次第成熟，未來自然也會有親見大乘菩提之道的因緣，悟入大乘實相般若也將自然成功，自能通達般若系列諸經而成實義菩薩。作者居住於南投縣霧峰鄉，自喻見道之後不復再見霧峰之霧，故鄉原野美景一一明見，於是立此書名為《霧峰無霧》；讀者若欲撥霧見月，可以此書為緣。游宗明 老師著 售價250元。

假藏傳佛教的神話——性、謊言、喇嘛教：本書編著者是由一首名叫「阿姊鼓」的歌曲爲緣起，展開了序幕，揭開假藏傳佛教—喇嘛教—的神祕面紗。其重點是蒐集、摘錄網路上質疑「喇嘛教」的帖子，以揭穿「假藏傳佛教的神話」爲主題，串聯成書，並附加彩色插圖以及說明，讓讀者們瞭解西藏密宗及相關人事如何被操作爲「神話」的過程，以及神話背後的眞相。作者：張正玄教授。售價200元。

達賴真面目—玩盡天下女人：假使您不想戴綠帽子，請記得詳細閱讀此書；假使您不想讓好朋友戴綠帽子，請您將此書介紹給您的好朋友。假使您想保護家中的女性，也想要保護好朋友的女眷，請記得將此書送給家中的女性和好友的女眷都來閱讀。本書爲印刷精美的大本彩色中英對照精裝本，爲您揭開達賴喇嘛的眞面目，內容精彩不容錯過，爲利益社會大眾，特別以優惠價格嘉惠所有讀者。編著者：白志偉等。大開版雪銅紙彩色精裝本。售價800元。

喇嘛性世界—揭開假藏傳佛教譚崔瑜伽的面紗：這個世界中的喇嘛，號稱來自世外桃源的香格里拉，穿著或紅或黃的喇嘛長袍，散布於我們的身邊傳教灌頂，吸引了無數的人嚮往學習；這些喇嘛虔誠地爲大眾祈福，手中拿著寶杵（金剛）與寶鈴（蓮花），口中唸著咒語：「唵．嘛呢．叭咪．吽……」，咒語的意思是說：「我至誠歸命金剛杵上的寶珠伸向蓮花寶穴之中！」「喇嘛性世界」是什麼樣的「世界」呢？本書將爲您呈現喇嘛世界的面貌。當您發現眞相以後，您將會唸：「噢！喇嘛．性．世界，譚崔性交嘛！」作者：張善思、呂艾倫。售價200元。

末代達賴—性交教主的悲歌：簡介從藏傳僞佛教（喇嘛教）的修行核心—性力派男女雙修，探討達賴喇嘛及藏傳僞佛教的修行內涵。書中引用外國知名學者著作、世界各地新聞報導，包含：歷代達賴喇嘛的祕史、達賴六世修雙身法的事蹟，以及《時輪續》中的性交灌頂儀式……等；達賴喇嘛書中開示的雙修法、達賴喇嘛的黑暗政治手段；達賴喇嘛所領導的寺院爆發喇嘛性侵兒童；新聞報導《西藏生死書》作者索甲仁波切性侵女信徒、澳洲喇嘛秋達公開道歉、美國最大假藏傳佛教組織領導人邱陽創巴仁波切的性氾濫；等等事件背後眞相的揭露。作者：張善思、呂艾倫、辛燕。售價250元。

第七意識與第八意識？—穿越時空「超意識」：「三界唯心，萬法唯識」是佛教中應該實證的聖教，也是《華嚴經》中明載而可以實證的法界實相。唯心者，三界一切境界、一切諸法唯是一心所成就，即是每一個有情的第八識如來藏，不是意識心。唯識者，即是人類各各都具足的八識心王——眼識、耳鼻舌身意識、意根、阿賴耶識，第八阿賴耶識又名如來藏，人類五陰相應的萬法，莫不由八識心王共同運作而成就，故說萬法唯識。依聖教量及現量、比量，都可以證明意識是二法因緣生，是由第八識藉意根與法塵二法爲因緣而出生，又是夜夜斷滅不存之生滅心，即無可能反過來出生第七識意根、第八識如來藏，當知不可能從生滅性的意識心中，細分出恆審思量的第七識意根，更無可能細分出恆而不審的第八識如來藏。本書是將演講內容整理成文字，細說如是內容，並已在〈正覺電子報〉連載完畢，今彙集成書以廣流通，欲幫助佛門有緣人斷除意識我見，跳脫於識陰之外而取證聲聞初果；嗣後修學禪宗時即得不墮外道神我之中，得以求證第八識金剛心而發起般若實智。平實導師 述，每冊300元。

黯淡的達賴—失去光彩的諾貝爾和平獎：本書舉出很多證據與論述，詳述達賴喇嘛不爲世人所知的一面，顯示達賴喇嘛並不是眞正的和平使者，而是假借諾貝爾和平獎的光環來欺騙世人；透過本書的說明與舉證，讀者可以更清楚的瞭解，達賴喇嘛是結合暴力、黑暗、淫欲於喇嘛教裡的集團首領，其政治行爲與宗教主張，早已讓諾貝爾和平獎的光環染污了。 本書由財團法人正覺教育基金會寫作、編輯，由正覺出版社印行，每冊250元。

童女迦葉考—論呂凱文〈佛教輪迴思想的論述分析〉之謬：童女迦葉是佛世率領五百大比丘遊行於人間的歷史事實，是以童貞行而依止菩薩戒弘化於人間的大菩薩，不依別解脫戒（聲聞戒）來弘化於人間。這是大乘佛教與聲聞佛教同時存在於佛世的歷史明證，證明大乘佛教不是從聲聞法中分裂出來的部派佛教的產物，卻是聲聞佛教分裂出來的部派佛教聲聞凡夫僧所不樂見的史實；於是古今聲聞法中的凡夫都欲加以扭曲而作詭說，更是末法時代高聲大呼「大乘非佛說」的六識論聲聞凡夫極力想要扭曲的佛教史實之一，於是想方設法扭曲迦葉菩薩爲聲聞僧，以及扭曲迦葉童女爲比丘僧等荒謬不實之論著便陸續出現，古時聲聞僧寫作的《分別功德論》是最具體之事例，現代之代表作則是呂凱文先生的〈佛教輪迴思想的論述分析〉論文。鑑於如是假藉學術考證以籠罩大眾之不實謬論，未來仍將繼續造作及流竄於佛教界，繼續扼殺大乘佛教學人法身慧命，必須舉證辨正之，遂成此書。平實導師 著，每冊180元。

人間佛教——實證者必定不悖三乘菩提：「大乘非佛說」的講法似乎流傳已久，卻只是日本人企圖擺脫中國正統佛教的影響，而在明治維新時期才開始提出來的說法；台灣佛教、大陸佛教的淺學無智之人，由於未曾實證佛法而迷信日本人錯誤的學術考證，錯認爲這些別有用心的日本佛學考證的講法爲天竺佛教的眞實歷史；甚至還有更激進的反對佛教者提出「釋迦牟尼佛並非眞實存在，只是後人捏造的假歷史人物」，竟然也有少數人願意跟著「學術」的假光環而信受不疑，於是開始有一些佛教界人士造作了反對中國佛教而推崇南洋小乘佛教的行爲，使佛教的信仰者難以檢擇，導致一般大陸人士開始轉入基督教的盲目迷信中。在這些佛教及外教人士之中，也就有一分人根據此邪說而大聲主張「大乘非佛說」的謬論，這些人以「人間佛教」的名義來抵制中國正統佛教，公然宣稱中國的大乘佛教是由聲聞部派佛教的凡夫僧所創造出來的。這樣的說法流傳於台灣及大陸佛教界凡夫僧之中已久，卻非眞正的佛教歷史中曾經發生過的事，只是繼承六識論的聲聞法中凡夫僧依自己的意識境界立場，純憑臆想而編造出來的妄想說法，卻已經影響許多無智之凡夫僧俗信受不移。本書則是從佛教的經藏法義實質及實證的現量內涵本質立論，證明大乘佛法本是佛說，是從《阿含正義》尚未說過的不同面向來討論「人間佛教」的議題，證明「大乘眞佛說」。閱讀本書可以斷除六識論邪見，迴入三乘菩提正道發起實證的因緣；也能斷除禪宗學人學禪時普遍存在之錯誤知見，對於建立參禪時的正知見有很深的著墨。平實導師 述，內文488頁，全書528頁，定價400元。

見性與看話頭：黃正倖老師的《見性與看話頭》於《正覺電子報》連載完畢，今集結出版。書中詳說禪宗看話頭的詳細方法，並細說看話頭與眼見佛性的關係，以及眼見佛性者求見佛性前必須具備的條件。本書是禪宗實修者追求明心開悟時參禪的方法書，也是求見佛性者作功夫時必讀的方法書，內容兼顧眼見佛性的理論與實修之方法，是依實修之體驗配合理論而詳述，條理分明而且極爲詳實、周全、深入。本書內文375頁，全書416頁，售價300元。

中觀金鑑—詳述應成派中觀的起源與其破法本質：學佛人往往迷於中觀學派之不同學說，被應成派與自續派所迷惑；修學般若中觀二十年後自以爲實證般若中觀了，卻仍不曾入門，甫聞實證般若中觀者之所說，則茫無所知，迷惑不解；隨後信心盡失，不知如何實證佛法；凡此，皆因惑於這二派中觀學說所致。自續派中觀所說同於常見，以意識境界立爲第八識如來藏之境界，應成派所說則同於斷見，但又同立意識爲常住法，故亦具足斷常二見。今者孫正德老師有鑑於此，乃將起源於密宗的應成派中觀學說，追本溯源，詳考其來源之外，亦一一舉證其立論內容，詳加辨正，令密宗雙身法祖師以識陰境界而造之應成派中觀學說本質，詳細呈現於學人眼前，令其維護雙身法之目的無所遁形。若欲遠離密宗此二大派中觀謬說，欲於三乘菩提有所進道者，允宜具足閱讀並細加思惟，反覆讀之以後將可捨棄邪道返歸正道，則於般若之實證即有可能，證後自能現觀如來藏之中道境界而成就中觀。本書分上、中、下三冊，每冊250元，已全部出版完畢。

真心告訴您—達賴喇嘛在幹什麼？這是一本報導篇章的選集，更是「破邪顯正」的暮鼓晨鐘。「破邪」是戳破假象，說明達賴喇嘛及其所率領的密宗四大派法王、喇嘛們，弘傳的佛法是仿冒的佛法；他們是假藏傳佛教，是坦特羅(譚崔性交)外道法和藏地崇奉鬼神的苯教混合成的「喇嘛教」，推廣的是以所謂「無上瑜伽」的男女雙身法冒充佛法的假佛教，詐財騙色誤導眾生，常常造成信徒家庭破碎、家中兒少失怙的嚴重後果。「顯正」是揭櫫眞相，指出眞正的藏傳佛教只有一個，就是覺囊巴，傳的是 釋迦牟尼佛演繹的第八識如來藏妙法，稱爲他空見大中觀。正覺教育基金會即以此古今輝映的如藏正法正知見，在眞心新聞網中逐次報導出來，將箇中原委「眞心告訴您」，如今結集成書，與想要知道密宗眞相的您分享。售價250元。

實相經宗通：學佛之目的在於實證一切法界背後之實相，禪宗稱之爲本來面目或本地風光，佛菩提道中稱之爲實相法界；此實相法界即是金剛藏，又名佛法之祕密藏，即是能生有情五陰、十八界及宇宙萬有（山河大地、諸天、三惡道世間）的第八識如來藏，又名阿賴耶識心，即是禪宗祖師所說的眞如心，此心即是三界萬有背後的實相。證得此第八識心時，自能瞭解般若諸經中隱說的種種密意，即得發起實相般若——實相智慧。每見學佛人修學佛法二十年後仍對實相般若茫然無知，亦不知如何入門，茫無所趣；更因不知三乘菩提的互異互同，是故越是久學者對佛法越覺茫然，都肇因於尚未瞭解佛法的全貌，亦未瞭解佛法的修證內容即是第八識心所致。本書對於修學佛法者所應實證的實相境界提出明確解析，並提示趣入佛菩提道的入手處，有心親證實相般若的佛法實修者，宜詳讀之，於佛菩提道之實證即有下手處。平實導師述著，共八輯，全部出版完畢，每輯成本價250元。

法華經講義：此書爲平實導師始從2009/7/21演述至2014/1/14之講經錄音整理所成。世尊一代時教，總分五時三教，即是華嚴時、聲聞緣覺教、般若教、種智唯識教、法華時；依此五時三教區分爲藏、通、別、圓四教。本經是最後一時的圓教經典，圓滿收攝一切法教於本經中，是故最後的圓教聖訓中，特地指出無有三乘菩提，其實唯有一佛乘；皆因眾生愚迷故，方便區分爲三乘菩提以助眾生證道。世尊於此經中特地說明如來示現於人間的唯一大事因緣，便是爲有緣眾生「開、示、悟、入」諸佛的所知所見——第八識如來藏妙眞如心，並於諸品中隱說「妙法蓮花」如來藏心的密意。然因此經所說甚深難解，眞義隱晦，古來難得有人能窺堂奧；平實導師以知如是密意故，特爲末法佛門四眾演述《妙法蓮華經》中各品蘊含之密意，使古來未曾被古德註解出來的「此經」密意，如實顯示於當代學人眼前。乃至〈藥王菩薩本事品〉、〈妙音菩薩品〉、〈觀世音菩薩普門品〉、〈普賢菩薩勸發品〉中的微細密意，亦皆一併詳述之，開前人所未曾言之密意，示前人所未見之妙法。最後乃至以〈法華大意〉而總其成，全經妙旨貫通始終，而依佛旨圓攝於一心如來藏妙心，厥爲曠古未有之大說也。平實導師述　已於2015/5/31起出版第一輯，每兩個月出版一輯，共有25輯。每輯300元。

西藏「活佛轉世」制度—附佛、造神、世俗法：歷來關於喇嘛教活佛轉世的研究，多針對歷史及文化兩部分，於其所以成立的理論基礎，較少系統化的探討。尤其是此制度是否依據「佛法」而施設？是否合乎佛法眞實義？現有的文獻大多含糊其詞，或人云亦云，不曾有明確的闡釋與如實的見解。因此本文先從活佛轉世的由來，探索此制度的起源、背景與功能，並進而從活佛的尋訪與認證之過程，發掘活佛轉世的特徵，以確認「活佛轉世」在佛法中應具足何種果德。定價150元。

佛法入門：學佛人往往修學二十年後仍不知如何入門，茫無所入漫無方向，不知如何實證佛法；更因不知三乘菩提的互異互同之處，導致越是久學者越覺茫然，都是肇因於尚未瞭解佛法的全貌所致。本書對於佛法的全貌提出明確的輪廓，並說明三乘菩提的異同處，讀後即可輕易瞭解佛法全貌，數日內即可明瞭三乘菩提入門方向與下手處。○○菩薩著　出版日期未定。

修習止觀坐禪法要講記：修學四禪八定之人，往往錯會禪定之修學知見，欲以無止盡之坐禪而證禪定境界，卻不知修除性障之行門才是修證四禪八定不可或缺之要素，故智者大師云「性障初禪」；性障不除，初禪永不現前，云何修證二禪等？又：行者學定，若唯知數息，而不解六妙門之方便善巧者，欲求一心入定，極難可得，智者大師名之爲「事障未來」：障礙未到地定之修證。又禪定之修證，不可違背二乘菩提及第一義法，否則縱使具足四禪八定，亦不能實證涅槃而出三界。此諸知見，智者大師於《修習止觀坐禪法要》中皆有闡釋。作者平實導師以其第一義之見地及禪定之實證證量，曾加以詳細解析。將俟正覺寺竣工啓用後重講，不限制聽講者資格；講後將以語體文整理出版。欲修習世間定及增上定之學者，宜細讀之。平實導師述著。

解深密經講記：本經係 世尊晚年第三轉法輪，宣說地上菩薩所應熏修之唯識正義經典，經中所說義理乃是大乘一切種智增上慧學，以阿陀那識—如來藏—阿賴耶識爲主體。禪宗之證悟者，若欲修證初地無生法忍乃至八地無生法忍者，必須修學《楞伽經、解深密經》所說之八識心王一切種智；此二經所說正法，方是眞正成佛之道；印順法師否定如來藏之後所說萬法緣起性空之法，是以誤會後之二乘解脫道取代大乘眞正成佛之道，亦已墮於斷滅見中，不可謂爲成佛之道也。平實導師曾於本會郭故理事長往生時，於喪宅中從初七至第十七，宣講圓滿，作爲郭老之往生佛事功德，迴向郭老早證八地、速返娑婆住持正法；茲爲今時後世學人故，將擇期重講《解深密經》，以淺顯之語句講畢後將會整理成文，用供證悟者進道；亦令諸方未悟者，據此經中佛語正義，修正邪見，依之速能入道。平實導師述著，全書輯數未定，每輯三百餘頁，將於未來重講完畢後逐輯出版。

阿含經講記—小乘解脫道之修證：數百年來，南傳佛法所說證果之不實，所說解脫道之虛妄，所弘解脫道法義之世俗化，皆已少人知之；從南洋傳入台灣與大陸之後，所說法義虛謬之事，亦復少人知之；今時台灣全島印順系統之法師居士，多不知南傳佛法數百年來所說解脫道之義理已然偏斜、已然世俗化、已非眞正之二乘解脫正道，猶極力推崇與弘揚。彼等南傳佛法近代所謂之證果者多非眞實證果者，譬如阿迦曼、葛印卡、帕奧禪師、一行禪師……等人，悉皆未斷我見故。近年更有台灣南部大願法師，高抬南傳佛法之二乘修證行門爲「捷徑究竟解脫之道」者，然而南傳佛法縱使眞修實證，得成阿羅漢，至高唯是二乘菩提解脫之道，絕非究竟解脫，無餘涅槃中之實際尚未得證故，法界之實相尚未了知故，習氣種子待除故，一切種智未實證故，焉得謂爲「究竟解脫」？即使南傳佛法近代眞有實證之阿羅漢，尚且不及三賢位中之七住明心菩薩本來自性清淨涅槃智慧境界，則不能知此賢位菩薩所證之無餘涅槃實際，仍非大乘佛法中之見道者，何況普未實證聲聞果乃至未斷我見之人？謬充證果已屬逾越，更何況是誤會二乘菩提之後，以未斷我見之凡夫知見所說之二乘菩提解脫偏斜法道，焉可高抬爲「究竟解脫」？而且自稱「捷徑之道」？又妄言解脫之道即是成佛之道，完全否定般若實智、否定三乘菩提所依之如來藏心體，此理大大不通也！平實導師爲令修學二乘菩提欲證解脫果者，普得迴入二乘菩提正見、正道中，是故選錄四阿含諸經中，對於二乘解脫道法義有具足圓滿說明之經典，預定未來十年內將會加以詳細講解，令學佛人得以了知二乘解脫道之修證理路與行門，庶免被人誤導之後，未證言證，干犯道禁，成大妄語，欲升反墮。本書首重斷除我見，以助行者斷除我見而實證初果爲著眼之目標，若能根據此書內容，配合平實導師所著《識蘊眞義》《阿含正義》內涵而作實地觀行，實證初果非爲難事，行者可以藉此三書自行確認聲聞初果爲實際可得現觀成就之事。此書中除依二乘經典所說加以宣示外，亦依斷除我見等之證量，及大乘法中道種智之證量，對於意識心之體性加以細述，令諸二乘學人必定得斷我見、常見，免除三縛結之繫縛。次則宣示斷除我執之理，欲令升進而得薄貪瞋痴，乃至斷五下分結…等。平實導師述，共二冊，每冊三百餘頁。每輯300元。

＊喇嘛教修外道雙身法、墮識陰境界，非佛教＊

＊弘揚如來藏他空見的覺囊派才是真正藏傳佛教＊

總經銷： 飛鴻 國際行銷股份有限公司

231 新北市新店市中正路 501 之 9 號 2 樓

Tel.02－82186688（五線代表號） Fax.02-82186458、82186459

零售：1.**全台連鎖經銷書局：**

三民書局、誠品書局、何嘉仁書店

敦煌書店、紀伊國屋、金石堂書局、建宏書局

2.**台北市：**佛化人生 羅斯福路 3 段 325 號 6 樓之 4 台電大樓對面

士林圖書 士林區大東路 86 號

3.**新北市：**春大地書店 **蘆洲**中正路 117 號 明達書局 三重五華街 129 號

4.**桃園市縣：**誠品書局 **桃園市**中正路 20 號遠東百貨地下室一樓

金石堂 **桃園市**大同路 24 號 金石堂 **桃園**八德市介壽路 1 段 987 號

諾貝爾圖書城 **桃園市**中正路 56 號地下室 金義堂 **中壢市**中美路 2 段 82 號

墊腳石文化書店 **中壢市**中正路 89 號 巧巧屋書局 **蘆竹**南崁路 263 號

來電書局 **大溪**慈湖路 30 號 御書堂 **龍潭**中正路 123 號

5.**新竹市縣：**大學書局 **新竹**建功路 10 號 誠品書局 **新竹**東區信義街 68 號

誠品書局 **新竹**東區中央路 229 號 5 樓 誠品書局 **新竹**東區力行二路 3 號

墊腳石文化書店 **新竹**中正路 38 號 金典文化 **竹北**中正西路 47 號

展書堂 竹東長春路 3 段 36 號

6.**苗栗市縣：**萬花筒書局**苗栗市**府東路 73 號 展書堂 **竹南**民權街 49-2 號

7.**台中市：** **瑞成**書局、各大連鎖書店。

詠春書局 **台中市**永春東路 884 號 文春書局 **霧峰**中正路 1087 號

8.**彰化市縣：**心泉佛教流通處 **彰化市**南瑤路 286 號

員林鎮：墊腳石圖書文化廣場 中山路 2 段 49 號（04-8338485）

9.**台南市：**博大書局 **新營**三民路 128 號

藝美書局 **善化**中山路 436 號 宏欣書局 **佳里**光復路 214 號

10.**高雄市：**各大連鎖書店、**瑞成**書局

政大書城 **三民區**明仁路 161 號 政大書城 **苓雅區**光華路 148-83 號

明儀書局 **三民區**明福街 2 號 明儀書局 三多四路 63 號

青年書局 青年一路 141 號

11.**宜蘭縣市：**金隆書局 宜蘭市中山路 3 段 43 號

宋太太梅鋪 羅東鎮中正北路 101 號（039-534909）

12.**台東市：**東普佛教文物流通處 台東市博愛路 282 號

13.**其餘鄉鎮市經銷書局：**請電詢總經銷**飛鴻**公司。

14.**大陸地區請洽：**

香港：樂文書店

旺角店 :香港九龍旺角西洋菜街 62 號 3 樓

電話 : (852) 2390 3723 email: luckwinbooks@gmail.com

銅鑼灣店 :香港銅鑼灣駱克道 506 號 2 樓

電話：(852) 2881 1150　email: luckwinbs@gmail.com

廈門：廈門外圖臺灣書店有限公司

地址：廈門市思明區湖濱南路809號 廈門外圖書城3樓 郵編：361004

電話：0592-5061658（臺灣地區請撥打 86-592-5061658）

E-mail：JKB118@188.COM

15.**美國：世界日報圖書部**：紐約圖書部　電話 7187468889#6262

洛杉磯圖書部　電話 3232616972#202

16.**國內外地區網路購書：**

正智出版社 書香園地　http://books.enlighten.org.tw/

（書籍簡介、直接聯結下列網路書局購書）

三民 網路書局　http://www.Sanmin.com.tw

誠品 網路書局　http://www.eslitebooks.com

博客來 網路書局　http://www.books.com.tw

金石堂 網路書局　http://www.kingstone.com.tw

飛鴻 網路書局　http://fh6688.com.tw

附註：1.請儘量向各經銷書局購買：郵政劃撥需要十天才能寄到（本公司在您劃撥後第四天才能接到劃撥單，次日寄出後第四天您才能收到書籍，此八天中一定會遇到週休二日，是故共需十天才能收到書籍）若想要早日收到書籍者，請劃撥完畢後，將劃撥收據貼在紙上，旁邊寫上您的姓名、住址、郵區、電話、買書詳細內容，直接傳真到本公司 02-28344822，並來電 02-28316727、28327495 確認是否已收到您的傳真，即可提前收到書籍。 2.因台灣每月皆有五十餘種宗教類書籍上架，書局書架空間有限，故唯有新書方有機會上架，通常每次只能有一本新書上架；本公司出版新書，大多上架不久便已售出，若書局未再叫貨補充者，書架上即無新書陳列，則請直接向書局櫃台訂購。 3.若書局不便代購時，可於晚上共修時間向正覺同修會各共修處請購（共修時間及地點，詳閱**共修現況表**。每年例行年假期間請勿前往請書，年假期間請見共修現況表）。 4.郵購：郵政劃撥帳號 19068241。 5.正覺同修會會員購書都以八折計價（戶籍台北市者為一般會員，外縣市為護持會員）都可獲得優待，欲一次購買全部書籍者，可以考慮入會，節省書費。入會費一千元（第一年初加入時才需要繳），年費二千元。**6.尚未出版之書籍，請勿預先郵寄書款與本公司，謝謝您！** 7.若欲一次購齊本公司書籍，或同時取得正覺同修會贈閱之全部書籍者，請於正覺同修會共修時間，親到各共修處請購及索取；**台北市讀者**請洽：103 台北市承德路三段 267 號 10 樓（捷運淡水線 圓山站旁）請書時間：週一至週五為 18.00~21.00，第一、三、五週週六為 10.00~21.00，雙週之週六為 10.00~18.00 請購處專線電話：25957295-分機 14（於請書時間方有人接聽）。

敬告大陸讀者：

大陸讀者購書、索書捷徑（尚未在大陸出版的書籍，以下二個途徑都可以購得，電子書另包括結緣書籍）：

1.廈門外國圖書公司：廈門市思明區湖濱南路 809 號 廈門外圖書城 3F
郵編：361004　電話：0592-5061658　網址：JKB118＠188.COM

2.電子書：正智出版社有限公司及正覺同修會在台灣印行的各種局版書、結緣書，已有『**正覺電子書**』陸續上線中，提供讀者於手機、平板電腦上購書、下載、閱讀正智出版社、正覺同修會及正覺教育基金會所出版之電子書，詳細訊息敬請參閱『正覺電子書』專頁：http://books.enlighten.org.tw/ebook

關於平實導師的書訊，請上網查閱：

成佛之道　http://www.a202.idv.tw

正智出版社 書香園地　http://books.enlighten.org.tw/

中國網採訪佛教正覺同修會、正覺教育基金會訊息：

http://big5.china.com.cn/gate/big5/fangtan.china.com.cn/2014-06/19/content_32714638.htm

http://pinpai.china.com.cn/

★ 正智出版社有限公司售書之稅後盈餘，全部捐助財團法人正覺寺籌備處、佛教正覺同修會、正覺教育基金會，供作弘法及購建道場之用；懇請諸方大德支持，功德無量。

★ 聲　明 ★

本社於 2015/01/01 開始調整本目錄中部分書籍之售價，以因應各項成本的持續增加。

＊ 喇嘛教修外道雙身法、墮識陰境界，非佛教 ＊

＊ 弘揚如來藏他空見的覺囊派才是真正藏傳佛教 ＊

國家圖書館出版品預行編目(CIP)資料

廣論三部曲 / 郭正益著. -- 初版. -- 臺北市 : 正覺出版社, 2015.06

面 ; 公分

ISBN 978-986-86852-7-7(平裝)

1.藏傳佛教 2.注釋 3.佛教修持

226.962　　104010415

廣論三部曲

作　　者：郭正益 老師
出 版 者：財團法人正覺教育基金會正覺出版社
通訊地址：103台北市承德路三段二六七號十樓
電　　話：02-25957295 ext.10-21（請於夜間共修時間聯繫）
傳　　眞：02-25954493
總 經 銷：聯合發行股份有限公司
231新北市新店區寶橋路235巷6弄6號4樓
電話：〇二 29178022（代表號）
傳眞：〇二 29156275
定　　價：新台幣一五〇元
改版首刷：公元二〇一五年六月 二千冊